KÖNIGS FURT

Über dieses Buch

Dieses Buch zeigt, wie wir aus der Hektik und Reizüberflutung des Alltags wieder zu uns finden. Sinn und Sinnlichkeit bedingen einander. Die
Fähigkeit, ein sinnvolles Leben zu führen, hängt in hohem Maße von
der Entwicklung unserer Sinnlichkeit und Achtsamkeit ab. In zahlrei-
chen Übungen können wir unsere Sinnlichkeit (wieder)entdecken und
intensiver erleben.

Über den Autor

Brigitte Fabian, Jahrgang 1949, Industrie- und Werbekauffrau, zwei
erwachsene Söhne. Nach Studium der Geschichte, Literatur und Sozio-
logie Ausbildung zur Waldorf-Klassenlehrerin. Heilpraktikerin mit
eigener Praxis. Therapeutin, Trainerin und Inhaberin des Bellassana-
Instituts für ganzheitliche Gesundheitsvorsorge, Therapie und Schulung in München. Rege Vortragstätigkeit zu Gesundheitsthemen und
Heilfasten. Ausbilderin Ganzheitlicher Fastenleiter, Gesundheitstrai-
nerin in der Industrie, Leitung von Persönlichkeits- und Führung- und
Selbsterfahrungs-Trainings. Autorin mehrerer Bücher zu diesen The-
men.

Informationen im Internet unter www.bewusster-leben.de

Brigitte Fabian

Die Kunst der Sinnlichkeit

Schule für Sinn und Sinne

KÖNIGS FURT

GUiDE
Bewusster
leben

BEWUSSTER LEBEN GUIDES
Herausgegeben von
Winfried Hille

Die Deutsche Bibliothek – CIP-Einheitsaufnahme

Fabian, Brigitte:
Die Kunst der Sinnlichkeit : Schule für Sinn und Sinne / Brigitte Fabian. -
Krummwisch : Königsfurt-Verl., 2002
ISBN 3-89875-036-1

Originalausgabe
Krummwisch bei Kiel 2002

© 2002 by Königsfurt Verlag
D-24796 Krummwisch
www.koenigsfurt.com

Umschlag: Zembsch' Werkstatt, München
unter Verwendung eines Motivs der Bildagentur ZEFA, München
Satz: Satzbüro Noch, Witten
Druck und Bindung: FVA, Fulda

ISBN 3-89875-036-1

Inhalt

GELEITWORT 9

VORWORT 11

EINLEITUNG 15
Sinn und Sinnlichkeit 15

DIE LUST DER SINNLICHKEIT 21
Unsere Sinne – Tore zur Lust 22
   Sprachsinn 23
   Sehsinn 26
   Gehörsinn 28
   Geruchssinn 30
   Geschmackssinn 34
   Tastsinn 35
Unsere Sinnlichkeit 38
Sinnesübungen 39
   Übungen fürs Hören 39
   Übungen fürs Hören und Riechen 40
   Übungen für den Tastsinn 43
Energiefluss spüren 45
Fazit 46

SINN UND LEBENSGLÜCK 47
Durch Erlebniswerte die Seele nähren 51
Sinn durch schöpferisches Tun 53
Glück durch Einstellungswerte 55
Erlebnis- und Einstellungsübungen 58
Fallbeispiele 64

DER VERLUST DER SINNLICHKEIT 73
Reizüberflutung 74
Angst 77

Habenwollen 79
Fallbeispiel 82

BARRIEREN UND IHRE ÜBERWINDUNG 85
Die vier Grundformen der Angst 85
Selbstwertgefühl 92
  Selbstwertgefühl des schizoiden Typus 92
  Selbstwertgefühl des depressiven Typus 94
  Selbstwertgefühl des hysterischen Typus 95
  Selbstwertgefühl des zwanghaften Typus 96
Werte, Gefühle, Rollen und Masken 97
Paradoxe Intentionsübungen 99

DIE ENTWICKLUNG DER SENSITIVITÄT 103
Eintauchen in den Augenblick 106
Muße zulassen 108
Rituale entwickeln 111
Spielen wieder entdecken 114
»Anleitungen« für Wonnestunden 117

ÜBER SINNLICHKEIT ZUM SINN 121
Vertrauen in das, was sein könnte 124
Vertrauen erhöht die Lebensfreude 129

ZUSAMMENFASSUNG 133
Übungen für den Alltag 134
Der Augenblick zählt 138
Energiefluss spüren und aktivieren 140
Ausstrahlung genießen – Lebensfreude, Sinn und Genuss erfahren ... 144

NACHWORT 149
Und alle Lust will Ewigkeit 150

ANHANG 153
Danksagung 153
Literatur 154
Adressen 155

*Dieses Buch widme ich meinen beiden Söhnen
Nico und Jan-Philipp.
Mögen sie beide den Sinn der Sinnlichkeit
niemals aus den Augen verlieren.*

Geleitwort

Die Schweisfurth-Stiftung fördert Wege zum ganzheitlichen und erfüllten Leben, in dem Arbeit und Technik wieder in besseren Einklang mit der Natur gebracht werden. Seit der Stiftungsgründung 1985 kommen wir immer wieder auf die Frage nach der rechten Ernährung zurück. Dabei geht es nicht nur um neue, ökologische Lösungen für den Anbau, die Be- und Verarbeitung und die Vermarktung von Lebens-Mitteln, sondern auch um eine zukunftsfähige Ernährungskultur. Dass Essen und Trinken, die menschliche Nahrungsaufnahme viel mit Sinn und Sinnlichkeit zu tun hat, ist offensichtlich. Ohne die im vorliegenden Buch präsentierten Gedanken von Brigitte Fabian – der Leiterin des Förderschwerpunkts Gesundheit und Ernährung der Schweisfurth-Stiftung – würden die tieferen Dynamiken zur Bildung eines guten Lebens auch und gerade rund um das Ernährungsverhalten des Menschen nicht in den Blick kommen.

Der Lebens-Mittel-Genuss ist seit Menschengedenken unter anderem ein zentrales Erlebnisfeld, in dem die »Kunst der Sinnlichkeit« entdeckt, erprobt und eingeübt werden kann. Als Theologe knüpfe ich gerne beim alttestamentarischen Propheten Jesaih an. Dieser nimmt die Freude über die Ernte als Gleichnis für jedwedes menschliche Sich-freuen-Können (Js 9, 2). Der Evangelist Lukas, der die Freude am Mittags- oder Abendmahl beschreibt, die entsteht, wenn man Essen und Trinken mit denen teilt, die weder Freunde, noch Brüder, noch Verwandte, noch reiche Nachbarn sind, greift dieses Thema ebenfalls auf (Lk 14, 12–14). Überhaupt handeln die Heiligen Schriften jüdisch-christlicher Tradition immer wieder vom Mahl-Halten bis hin zum Mysterienmahl, in dem Gott sich selbst in der Gestalt von Brot und Wein den Menschen gibt.

Gesättigt zu sein, Freude empfinden zu können, Wohlsein oder Seligkeit zu erfahren, wird von der Hochzeit zu Kanaa bis zum Gleichnis vom Verlorenen Sohn immer wieder mit dem Bild des Festmahls in Verbindung gebracht (Lk 15, 23–24).

Essen und Trinken, das ist der biblische Hauptgenuss, den der Mensch als Ebenbild Gottes auf Erden, gleichsam als Vorgeschmack auf das himmlische Manna, erleben darf. Der Genuss eines zeitlichen Gutes ist dem großen Kirchenlehrer Thomas von Aquin zufolge Frucht der »Liebe zu einer als letztes Ziel angestrebten Sache oder (liegt) in der Freude an einer solchen«. Genießen heißt, dass ein befriedigtes Begehren – und dies ist für jede verantwortbare Lust unumgängliche Voraussetzung – für gut und erstrebenswert befunden wurde, indem es mittels der menschlichen Vernunft erhellt worden ist.

Frau Fabian hat bereits 1999 in unserer Vortragsreihe »Gesundheit – die hohe Kunst des Lebens« das Thema »Sinn und Sinnlichkeit« als Voraussetzung für Gesundheit, Glück und Wohlbefinden »durchleuchtet« und dargestellt, dass wir nur über eine gut entwickelte Sinnlichkeit auch Achtsamkeit, Schönheit und Nachhaltigkeit verwirklichen können und so unserem Leben Sinn und Lebensfreude zu geben vermögen. Ein Anliegen, das der Schweisfurth-Stiftung bei ihrer Förderung einer neuen Kultur des Umgangs mit der Erde – mit Pflanzen, Tieren und Menschen – besonders am Herzen liegt.

Genussvoll essen und trinken, die Erfahrung der Freude, die aus der sinnlichen und geistigen Verbindung mit dem wirklich begehrenswerten Lebens-Mittel entsteht, führt meist zu einem festlichen Gestimmtsein. Der wahrhafte Genießer ist »vor Gott fröhlich«. »Denn der Herr, dein Gott, wird dich segnen in deiner ganzen Ernte und in allen Werken deiner Hände; darum sollst du fröhlich sein« (5. Mose 16, 15).

Dies ist ein Hinweis auf die in der Gestaltung liegenden Lust am Leben, die auch bei Frau Fabian immer wieder zur Kunst der Sinnlichkeit gehört. Religiöse Bezüge klingen bei Frau Fabian nur gelegentlich an. Ihr Anliegen ist es vielmehr, den Leser umfassend mit all dem Wissen – und dazu gehört auch das Wissen um Transzendenz – vertraut zu machen, welches ein Leben in Wohlergehen benötigt.

»Glückliche Menschen machen weniger kaputt«, so sagte Donella Meadows, die Vordenkerin eines nachhaltigen Lebensstils, einmal bei einer Tagung der Schweisfurth-Stiftung in München.

Wer die »Kunst der Sinnlichkeit« wieder beherrscht, der findet immer wieder zur Quelle des Glücks und der Zufriedenheit, zum Sinn des Lebens, nicht nur beim Essen und Trinken, sondern in den verschiedensten Situationen, Aufgaben, Herausforderungen und Transformations-Prozessen, die ein gelingendes Dasein ausmachen.

Viel Freude beim Lesen!

Professor Dr. Franz-Theo Gottwald
Vorstand der Schweisfurth-Stiftung, München
April 2002

Vorwort

B eim Lesen dieses Buches werden Sie feststellen, wie lustvoll es sein kann, den Erfahrungsspielraum von Sinnlichkeit zu erweitern und sich der Werte des eigenen Seins, der eigenen Gefühle, Gedanken und Handlungen bewusst zu werden.

Der Mensch ist »ein Lust suchendes System« (Grossarth-Maticek). Auf der Suche nach Lust und optimalem Wohlbefinden kommt niemand daran vorbei, seine Sinnlichkeit zu schulen und sich mit der Frage nach den Werten und dem Sinn seines Lebens auseinander zu setzen.

Lebenslust, Wohlbefinden, Genuss und Freude sind die Folgen eines Lebens mit Sinn und Sinnlichkeit. Leben und Lebendigkeit bedingen – wenn sie menschlich und menschenwürdig bleiben sollen – Sinnlichkeit und Sinn. Sinnlichkeit ist ein Urbedürfnis des Menschen. Sinn ist eine der unendlichen Möglichkeiten, die jeder für sich finden kann und »muss«. Sinnfindung setzt jedoch Sinneswahrnehmung voraus. Sinn kann zur Quelle von Gesundheit und zur Quelle von Heilung werden. Sinnlosigkeit oder Sinnlosigkeitsgefühle hingegen sind oft Ursache von Leiden und Krankheit. Nur über die Sinnlichkeit kann der Mensch jedoch gleichzeitig bei sich selbst bleiben, kann sich selbst wahrnehmen und Freude verschaffen sowie andere wahrnehmen und anderen Freude bereiten. **Sinnlichkeit macht also Sinn überhaupt erst möglich.**

In einer unendlichen Flut von Büchern und Veröffentlichungen widmen sich Autoren in den letzten Jahren dem Thema Krankheit. Im Grunde dreht sich ihr ganzes Streben darum, (Krankheits-) Symptome zu bekämpfen. Biochemie, Pharmakologie und Humangenetik erzielen mit höchstem finanziellen Aufwand zwar große Erfolge. Aber die Ursachen der häufigsten Krankheiten liegen nach wie vor im Dunkeln. Das gilt besonders für die so genannten »Zivilisationskrankheiten« wie Allergien, Rheuma, Arteriosklerose, Herz-Kreislauf-Erkrankungen und Krebs.

Wir wissen letztendlich nicht, warum ein Mensch unter den gleichen Bedingungen, unter denen auch ein anderer lebt, gesund bleibt und der andere erkrankt.

Was wir uns unter Gesundheit vorstellen, ist sehr stark mit unserem ureigensten persönlichen Lebensstil verbunden. Synonyme für Gesundheit sind in der heutigen Zeit Fitness und Wohlbefinden, Schönheit und Erfolg. Das Geschäft mit der Gesundheit blüht, und Gesundheit wird zunehmend als »von außen machbar« missverstanden. Gesundheit ist jedoch ein vernetztes Geschehen und basiert auf dem Wissen, dass alles Leben – Mensch, Tier und Natur – aufeinander bezogen ist und voneinander abhängt. Wir müssen das ständige Miteinander und auch das Gegeneinander mit einbeziehen, wenn wir gesund bleiben wollen. Unsere Sinnlichkeit spielt dabei eine wichtige Rolle.

Neben der körperlichen Dimension von Gesundheit, die mit Fitness eng verbunden ist und sich im Ernährungs-, Bewegungs- und Entspannungsverhalten ausdrückt, gibt es andere, ebenso wichtige Faktoren, die die Gesundheit beeinflussen.

Soziale Unterstützungsfunktionen, Werte, Sinn und Sinnlichkeit gehören dazu. Damit ist das seelisch-geistige Ausmaß von Gesundheit unmittelbar berührt. Gesundheit ist ein Ausdruck von Leben und Lebendigkeit. Krankheit ist eine Störung in diesem Bereich.

Die wichtigste Voraussetzung für Gesundheit, aber auch für Selbstheilungsprozesse ist ein mit Sinn erfüllter, schöpferischer, achtsamer und liebevoller Umgang mit uns und mit den eigenen Bedürfnissen.

Beziehungen sind unsere erste Aufgabe. Sie leben vom gegenseitigen Austausch, Fürsorge und Hingabe und von Sinnlichkeit. In diesem Bereich haben wir es immer mit Körpererfahrung und Wahrnehmung zu tun, die unsere Sinnlichkeit anspricht. Und Sinnlichkeit ist genauso wie Sinn eine Voraussetzung für Gesundheit.

Um wirklich gesund zu bleiben, müssen wir alles intellektuelle Wissen auch gefühlsmäßig und körperlich erfahrbar machen. Nur dann können wir in Beziehung bleiben mit uns, mit anderen Menschen, mit der Natur und der Umwelt. Auch können wir nur durch die sinnliche Erfahrung unsere natürlichen Bedürfnisse wahrnehmen.

Im sozialem Austausch und in der Kommunikation erfahren wir wirkliche Lebensfreude und Gesundheit. Gesundheit wird vor allem dort bewusst, wo wir in Beziehung stehen: mit Menschen, mit dem Licht, der Erde, der Luft, dem Wasser, der Ernährung, der Bewegung und nicht zuletzt in Beziehung zum Sinn unseres Lebens. Wir selbst – und nur wir alleine – haben es zu verantworten, ob wir aus den Umständen, die wir uns im Leben schaffen oder die uns das Leben entgegenbringt, ein gesundes gelingendes Leben machen. Sinn und Sinnlichkeit dienen der Erhaltung und Entfaltung von Gesund-

heit. Das Prinzip des Lebens wird durch Sinn und Sinnlichkeit gefördert.

Ich lade Sie herzlich ein, in die Kunst der Sinnlichkeit einzutauchen
und die Schule für Sinn und Sinne mit mir zu durchstreifen.

EINLEITUNG

Sinn und Sinnlichkeit

> *Der Mensch reift zum Menschen,*
> *weil es ihm gelingt, das Göttliche über*
> *die Sinnlichkeit zu erfahren und zu leben.*
> (Verfasser unbekannt)

Die Schulung der Wahrnehmung führt dazu, Sinn zu erfahren und Augenblicke aus dem Alltäglichen herauszuheben. Die Begriffe *»Sinn«* und *»Sinnlichkeit«* wurden im Laufe von Generationen unterschiedlich interpretiert. Ich werde versuchen, Sinnlichkeit als Quelle von Sinn und Gesundheit erfahrbar zu machen. Durch die Übungen können Sie die Lust der Sinnlichkeit wahrnehmen und genießen lernen.

In welcher Beziehung steht Sinnlichkeit mit Sinn, in welcher Sinn mit Sinnlichkeit? Was verstehen Menschen von heute darunter? Ich habe viele Menschen befragt und sie gebeten, in möglichst wenigen Worten ganz spontan – ohne lange nachzudenken – zu formulieren, was sie unter Sinn verstehen, was unter Sinnlichkeit. Einige Antworten will ich aufführen:

Auf die Frage, was sie unter **Sinn** verstehen, bekam ich u. a. folgende Antworten:

❂ Zufriedenheit; das Rationale des Zustandes der Sinnlichkeit; Tagesplanung – warum, wozu; Idealismus; Verstand, Berechnung; Sinn erfüllen; Werte verwirklichen.

❂ Mit einem Ergebnis, das ausfüllt, einen Wert hat und besonders gefühlsmäßig nicht umsonst ist, zufrieden sein; wertvoll sein, etwas erreicht haben; Lebenssinn, Lebensziele und Lebensinhalte erfüllen; Hirn, Verstand; zielorientiertes Handeln, das im Einklang mit dem Ich-Sein besteht.

❂ Etwas Sinnvolles tun, mit dem man persönlich im Einklang ist; die Anforderung des Augenblicks erfüllen.

✸ Nur Theoretisches macht Sinn; alle Glaubensbekenntnisse, alles, was sich in Gruppen- oder Einzelgedanken im Warum und Wofür manifestiert. Sinn gibt es nur, wenn man an die Wiederbringbarkeit glaubt.

Auf die Frage, was sie unter **Sinnlichkeit** verstehen, bekam ich folgende Antworten:

✸ Sinne – Hören, Sehen etc.

✸ Alles mit dem Einsatz aller Sinne erleben; Hochgefühl, das man nicht beschreiben kann; Gefühl; einfühlsam sein; Geborgenheit, Ruhe und Kraft; Liebe, Romantik.

✸ Küssen, sinnlicher Mund; Sensitivität.

✸ Sinnlichkeit ist etwas Leises; Eindrücke der Natur auf die Sinne wirken lassen; alles, was vorbehaltlos auf die Sinne wirken kann; Lagerfeuer; Gespräch bei Kerzenschein.

✸ Die körperliche Ausstrahlung, wie man wirkt.

✸ Einfühlungsvermögen; Geist; Erotik.

✸ Eine mit den fünf Sinnen gemachte Erfahrung, die den ganzen Menschen beeinflusst.

✸ Wenn eine Erfahrung mit allen fünf Sinnen so gemacht wird, dass sie bei einem Mann unterhalb des Bauchnabels ankommt.

✸ Ein lustvoller Genuss bis zum Schwelgen im Exzess.

✸ Alle Sinnlichkeit geht von einem Menschen aus, der tief empfindet und Zugang zu einem besonderen Schwingungsbereich hat. Das ist eine Gnade des Einblicks, die zusammenhält und mit Gesundheit zu tun hat.

✸ Sich von der Beherrschung der Erfahrungen lösen, auf natürliche Weise ins Lot kommen.

✸ Ausdrucksmöglichkeiten der Seele.

✸ Fühlen; Kleben; Handwerk.

✸ Wohlgefühl, wenn alle Sinne angesprochen sind.

✸ Hat viel mit Frauen zu tun – ab und zu kann Sinnlichkeit mit einem Mann gelebt werden.

✸ Etwas ganz Schönes! Auch Sexualität, Seele, aber nicht »Beate Uhse«.

✸ Begreifen der Welt mit fünf Sinnen und die Fähigkeit, mit der Seele zu fühlen.

✸ Etwas Persönliches; Genuss in jeder Form; Intimität; Momente der Rührung; Gefühl; Poesie.

Die meisten Menschen verbinden demnach **Sinn** mit etwas Geistigem, Vernünftigem, mit etwas, das mit unserem Verstand und mit Erfolg zu tun hat. **Sinnlichkeit** hingegen scheint zunächst überwiegend profaner Natur zu sein – scheint mehr mit Genuss, mit Lust, mit Lustbefriedigung, mit Erotik, mit Sexualität, mit prallem Leben in Verbindung zu stehen, mit Seele und Gefühl auf jeden Fall. Sinnlichkeit scheint mehr etwas für Frauen zu sein, Sinn für Männer. Schon in der Sprache heißt es: *der* Sinn und *die* Sinnlichkeit.

Ist Sinnlichkeit nicht überhaupt erst Voraussetzung für Sinn? Sinn muss jeder für sich selbst finden. Freunde, Gefährten, Ärzte und Therapeuten können einem Menschen nur helfen, das Gesichtsfeld über ihre – wie auch immer und wodurch auch immer – beschränkte Wahrnehmung hinaus zu erweitern. Sie können aufhellen helfen, damit sich der Horizont für Sinn und Werte erweitern kann. Sinn bleibt aber immer ganz individuell und damit auch durch die jeweilige Person und ihre Wahrnehmungsmöglichkeiten begrenzt. Sinneswahrnehmungen und Sinnlichkeit sind Bedingungen, Sinn zu erfahren. Hierfür möchte ich Ihnen einige Beispiele geben:

❀ Für den Blinden wird es keinen Sinn machen, einen Beruf zu ergreifen, in dem er mit Farben gestalten muss, so wie es für einen Tauben keinen Sinn macht, Tontechniker zu werden.

❀ Es wird für einen sehr altruistischen Menschen Sinn machen, jahrelang Geld – in harter Arbeit verdient – anzusparen, um dann damit ein Sterbehospiz oder eine Leprastation zu gründen.

❀ Für wieder jemand anderen mag der besondere Sinn seines Lebens in der Liebe zu seinen Pflanzen oder einem Tier bestehen.

❀ Für einen einfach strukturierten Menschen kann es Sinn machen, tagtäglich monotone Arbeit zu verrichten, um dadurch seine Kinder und vielleicht seine Frau zu ernähren und ihnen seine ganze Liebe zu geben.

❀ Auch für differenzierter strukturierte Menschen, die viel mehr Möglichkeiten hätten, kann es Lebensphasen geben, in denen derartige Arbeit den Sinn macht, zu *über*leben. Der Mensch selbst wird durch die Art seiner Tätigkeit also nicht abgewertet.

Hier werden bereits Ebenen von Sinn deutlich, die über Sinneswahrnehmungen und Sinnlichkeit hinausgehen. Lebenssinn kann sowohl im **Aufnehmen**, z. B. aus der Natur oder Kultur (Musik, Kunst, Architektur etc.), als auch in einer **Aufgabe**, einer **Tat**, einer **Arbeit** oder im Geben von dem, was wir haben – sei es Materielles oder Herzenswärme, Geld, Mitgefühl oder Liebe –, bestehen.

Sinneswahrnehmungen machen Sinn erst möglich. Nicht umsonst wird in psychiatrischen Kliniken, bei Rehabilitationsmaßnahmen und in der Geriatrie so viel Wert auf Ergotherapie gelegt. All diese Maßnahmen dienen dazu, die Menschen in psychischen oder somatischen Krankheitssituationen – wobei Körper, Seele und Geist immer als Einheit zu sehen sind – über Sinneserfahrungen, also insbesondere über Sinnlichkeit, zu sinnvollem Tun zu inspirieren. Dass diese Maßnahmen auch als Beschäftigungstherapie bezeichnet werden, macht deutlich, warum diese Menschen, wenn sie wieder in ihrem häuslichen Alltag sind, oft sehr schnell zurückfallen in ihr »Loch«. Sie wurden manchmal nur »beschäftigt«, konnten zwar Sinnlichkeit entfalten, wurden aber nur »abgelenkt«, um sich nicht mit den Ursachen ihrer Probleme, mit den Wurzeln ihrer Krankheit auseinander setzen zu müssen. In diesem Bereich gibt es sicher noch viel zu tun.

Sinn erfahren wir durch **Erlebniswerte** genauso wie durch **schöpferisches Tun**. Aber auch ganz individuelle **Einstellungswerte** können zu einem Sinn in unserem Leben führen. Hierzu ein Beispiel aus dem Berufsleben: Ein Mensch, der therapeutisch tätig ist, könnte durchaus sagen: *»Ich sehe den Sinn meines Lebens darin, Menschen zu helfen, ihren Teil der Verantwortung an den Umständen ihres Lebens zu tragen. Ich helfe ihnen dabei, den Teil, den wir wirklich »Schicksal« nennen dürfen, unterscheiden zu lernen von dem Teil, der das Schicksal zum »geschickten Störfaktor« macht. An diesem können wir uns weiterentwickeln und etwas Wesentliches für unser Leben erkennen.«*

Hier geht es um Einstellungswerte. Diese Werte implizieren Vertrauen in ein für uns unfassbares Geführtsein. Schicksal bedeutet oft ja auch Leid. Die Frage ist immer, wie wir unser Schicksal *er-leiden*. Eine andere Frage ist: »Liegt auch Sinn im für uns Unfassbaren?« Häufig wird der Sinn eines Schicksalsschlages, der uns früher als ungerecht zugefügtes Leid erschien, erst Jahre später deutlich. Hier entscheiden unsere Einstellungswerte über unser Verhalten, unser Wohlbefinden und unsere Gesundheit.

Sinnlichkeit ohne Sinn ist wie ein Vogel mit nur einem Flügel.
(Verfasser unbekannt)

Sinn und Sinnlichkeit beeinflussen und bedingen einander. Um uns das klar zu machen, müssen wir uns zunächst einige Fragen stellen: Kann ein Mensch sich ausschließlich über die Sinnlichkeit ganz einer anderen Person oder Sache hingeben? Kann er sich dadurch auf ein Objekt (eine Aufgabe, Arbeit, Tat, Gott) – also auch weg von sich selbst, seinem Leiden oder seiner Krankheit – ausrichten? Sicher nicht! Das setzt Transzendenz und Liebe voraus, setzt voraus, über sich selbst hinauszuwachsen und zu lieben. Das setzt voraus, den Sinn dieser Ausrichtung zu erfühlen. Je mehr ein Mensch lieben kann, desto mehr kann er sich auch selbst vergessen. Das ist die eine Seite. Sie macht Sinn, und sie beglückt.

Nur über die Sinnlichkeit jedoch kann der Mensch gleichzeitig bei sich bleiben, sich selbst wahrnehmen, sich selbst Freude verschaffen. So zumindest erscheint es uns gesunden Menschen.

Ob diejenigen, die zu keiner Sinnesäußerung mehr fähig sind (die komatösen Patienten, an Alzheimer erkrankte oder schwerstbehinderte Menschen), sich selbst wahrnehmen können und wie, das wissen wir nicht. Zumindest können sie sich selbst (für uns wahrnehmbar) nicht mehr in dieses Leben einbringen. Andererseits berichten Menschen, die aus dem Koma erwacht sind, dass sie vieles wahrgenommen hätten. Wir sollten uns deshalb davor hüten, diesen Menschen ihren Lebenssinn abzusprechen.

Es bleibt also die tief gehende Frage, ob Sinnlichkeit, die ja möglicherweise zunächst ganz profaner Lustbefriedigung dient (Essensgenuss, Erotik, Sexualität bis hin zu wahren Exzessen), nicht überhaupt erst Sinn möglich macht. Kann ein Künstler Künstler werden, ohne seine Formen, seine Farben, den Klang seiner Worte, seine Musik über seine Sinne wahrzunehmen? Auch hier wieder einige Beispiele:

- ❀ Beethoven war am Ende seines Schaffens taub. Aber dieser Künstler hatte, bevor sein Gehörsinn schwand, die Sinnlichkeit des Hörens und *Er-fühlens* von Musik bereits verinnerlicht.
- ❀ Blinde Maler haben andere Sinne verfeinert: Farbe kann gespürt werden. Personen, denen in Versuchen der Sehsinn genommen wurde, können die unterschiedlichen Qualitäten von Farben in Räumen wahrnehmen. Sie entfalten andere Sinne. Ihre Sinnlichkeit ist durchaus ausgeprägt.

Es macht Sinn, wenn wir unsere Sinnlichkeit trainieren und uns mit dem Thema »Sinn und Sinnlichkeit« auseinander setzen. Dazu gehört auch eine Portion Dankbarkeit und Demut. Vor allem aber ist es unumgänglich, unsere Achtsamkeit und Bewusstheit zu schulen und zu erweitern. Nur dann können wir Ängste, übernommene Moralvorstellungen und angelernte Verhaltensmuster, die uns einengen und von wirklicher Lebensfreude trennen, überwinden. In Bewusstheit können wir uns einlassen auf den Fluss des Lebens, indem wir echte Lebensfreude mit Genuss und Sinn gepaart empfinden, erleben und weitergeben.

Schritt für Schritt geleite ich Sie in die Welt der Sinne, damit Sie sich dem sinnlichen Genuss des Lebens hingeben und Sinn erfahren können. Beides sind Voraussetzungen für ein gesundes, vitales und lustvolles Leben. Auf diese Weise werden auch Sie »ansteckend« wirken können. Denn Sinnlichkeit macht Sie strahlend, anziehend, gesund und schön. Achtsamkeit führt Sie in Ihre eigene Mitte, und die Erfahrung von Sinn lässt Sie wirkliches Glück empfinden. Sinnlichkeit ist die Voraussetzung für Gesundheit.

DIE LUST DER SINNLICHKEIT

Ihre Fantasie ist gefragt, wenn Sie die Lust der Sinnlichkeit entdecken wollen.

Jeder Augenblick bewusster Sinnlichkeit kann ein Moment sein, der Sie aus dem Alltäglichen herauszuheben vermag. Stellen Sie Ihre Sinne also auf Empfang!

Sie kennen das: Es begegnet Ihnen ein Mensch – Frau oder Mann –, und Sie müssen einfach hinschauen. Etwas fasziniert Sie, zieht Sie an, ja hebt vielleicht sogar Ihre eigene Stimmung. Am liebsten möchten Sie Kontakt aufnehmen, ins Gespräch kommen, sich beflügeln lassen. Es ist jenes »gewisse Etwas«, das von diesen Menschen ausgeht.

Woran liegt das? Nun, in der Regel sind diese Menschen ausgesprochen sinnlich. Sie sind sich ihrer Ausstrahlung bewusst, spüren ihre Kraft und sind mit sich in Harmonie. Sie genießen jede Bewegung, nehmen jeden Eindruck in seiner ganzen Sinnlichkeit wahr, jeden Duft und jedes Geräusch, jedes Gefühl und jeden Gedanken. Allein, weil sie ganz bei sich sind, weil sie klare Botschaften senden, die mit ihrem Inneren übereinstimmen, und sich gleichzeitig durch ihre Sinnlichkeit ganz der Welt und anderen Menschen zuwenden können, jederzeit in Beziehung stehen zu allem, was ihnen begegnet. Schon allein deshalb wirken sie anziehend, ansteckend in ihrer Ausstrahlung und glaubwürdig, weil sie authentisch sind.

Egozentrik ist eine Voraussetzung dafür, ein solches Selbstbewusstsein bilden zu können. Sie dient allerdings nicht dazu, den Weg zum anderen zu finden. Dazu bedarf es eines sinnbezogenen Zuhörens und einer Überwindung des In-sich-gefangen-Seins. Es bedarf der Übung, z. B. die Welt des Klanges sensibel, also in ihrer ganzen Sinnlichkeit aufzunehmen, wegzukommen vom ausschließlichen »Was« hin zum »Wie«. Sinnlichkeit hat immer etwas mit Er-leben zu tun, mit erlebendem Verstehen.

Diese Fähigkeit wird heute kaum noch gefördert. Wir leben in einer Welt der »Macher« und »Denker«. Beide sind nicht gerade »Sinnesmenschen«. Ein namhafter Professor hat einmal zu mir gesagt: »*Die Hochschulen spucken jährlich Tausende von Studenten aus, die alles wissen und nichts können.*« Nun, ich hoffe nicht, dass es ganz so schlimm ist. Schlimmer noch wäre es, wenn sie nichts mehr fühlten.

Den »Denkern« stehen die »Macher« gegenüber, die hemmungs- und rücksichtslos alles Machbare – ohne es mit einem gesunden Gefühl zu verbinden – auch ausführen. Sinnlichkeit – in diesem Sinne – wird nicht mehr geschult. Im Gegenteil, Sinne verselbständigen sich, die Sinnordnung gerät aus den Fugen. Es scheint nur noch Nervenkitzel angesagt. Lassen Sie uns daher unsere Sinne (wieder-) entdecken und die Lust der Sinnlichkeit (neu) erfahren!

Unsere Sinne – Tore zur Lust

Der Mensch besitzt viel mehr als nur fünf Sinne. Von dem »sechsten Sinn«, der **Intuition,** hat jeder schon einmal gehört. Auch dieser Sinn kann geschult und entwickelt werden. Voraussetzung dafür ist es jedoch, zunächst die anderen Sinne bewusst wahrzunehmen und zu entfalten.

Zu den **mehr nach außen gerichteten Sinnen** zählen:

1. Sehsinn
2. Gehörsinn
3. Geruchssinn
4. Geschmackssinn
5. Tastsinn

Zu den **mehr nach innen gerichteten Sinnen** zählen:

6. Wärmesinn
7. Sprachsinn (Wortsinn)
8. Gedankensinn
9. Bewegungssinn
10. Lebenssinn
11. Ichsinn
12. Gleichgewichtssinn
13. Zeitsinn

Sicher staunen Sie jetzt über diese vielen verschiedenen, nach innen gerichteten Sinne, deshalb will ich sie im Einzelnen etwas näher erklären:

Der **Wärmesinn** richtet sich nach innen und reagiert besonders stark auf unsere Gefühle wie Begeisterung, Angst, Freude, Wut etc.

Mit dem **Sprachsinn (Wortsinn),** auf den ich weiter unten noch ausführlicher eingehen werde, dringen wir in den Sinn der gesprochenen

Worte und das mit ihnen Gemeinte ein, aber erst durch den **Gedankensinn** dringen wir in die äußere Welt ein und machen uns innere Bilder von dem, was wir verstanden haben.

Der **Bewegungssinn** lässt uns wahrnehmen, ob wir uns bewegen.

Mit dem **Lebenssinn** gehen wir in uns selber hinein, wir erfühlen uns innerlich, wir nehmen wahr, dass wir sind.

Unser **Ichsinn** nimmt mehr als die Gedanken des anderen wahr. Er nimmt das Ich des anderen Menschen wahr und dringt damit sozusagen in den anderen ein und lässt uns zu ihm in Beziehung treten.

Durch den **Gleichgewichtssinn** unterscheiden wir, ob wir stehen oder liegen, nehmen wahr, ob wir im Gleichgewicht sind. Wir nehmen die Beziehung unseres Inneren zur Außenwelt wahr, innerhalb der wir uns im Gleich- oder Ungleichgewicht fühlen.

Und der **Zeitsinn** gibt uns die Möglichkeit, das Verstreichen der Zeit zu erfühlen und wahrzunehmen, ob wir im Flow sind oder nicht (Flow: Zustand, in dem wir uns ganz in unserer Mitte befinden, ganz bei einer Sache sind, die uns gefangen nimmt, für die wir uns begeistern oder engagieren). Wenn wir im Flow sind, verstreicht die Zeit normalerweise wie im Flug. Der Zeitsinn gibt uns auch die Möglichkeit, unsere Tage energetisch zu erfühlen und das Rechte zum richtigen Zeitpunkt tun zu können.

Zwischen diesen Sinnen spielt sich das ab, was wir *Intuition* (Fähigkeit, Wissen oder Erkenntnisse ohne rationales Denken und ohne Einsatz des Verstandes zu erlangen), *Imagination* (Fähigkeit, sich innere Bilder von etwas zu machen) und *Inspiration* (Eingebung, die Erleuchtungen gleichkommt, bei der plötzlich die Zusammenhänge und tieferen Geheimnisse von Phänomenen klar werden) nennen.

Sprachsinn

Wie ich bereits weiter oben beschrieben habe, dringen wir mit unserem Sprachsinn in den Sinn der gesprochenen Worte ein. Wenn Sie Ihren Sprachsinn geschult haben, können Sie eine Mitteilung im Grunde mit vier verschiedenen Ohren hören:

- ❁ *sachbezogen*
- ❁ als *Beziehung* des Sprechers zu Ihnen selbst
- ❁ als *Selbstaussage* des Sprechers
- ❁ als *Aufforderung* an Sie selbst

In dem Satz »Du bist eine kleine Schlampe« kann alles enthalten sein: ein Kompliment für die Liebe und erotische Ausstrahlung, die von Ihnen ausgeht, eine Aufforderung zum Liebe-Machen, ein Synonym für aufkeimende Lust oder einfach Bewunderung. Natürlich kann dieser Satz auch Kritik beinhalten, den Auftakt zu einem Streit bedeuten oder lange angestauten Unmut ausdrücken. Sofern Sie diesen Satz als Aufforderung verstehen, könnte folgendes mitschwingen: »Ich mag, dass du Fünfe gerade sein lassen und dich mir jederzeit hingeben kannst – lass uns schlemmen, schlürfen, schlucken, schlecken, schmusen und kuscheln.« Schon die »schl-Laute« sind Sinnlichkeit pur, wenn Sie sie einmal auf der Zunge zergehen lassen.

Die Frage nach dem eigentlichen Motiv einer Aussage wird jedoch oft gar nicht beachtet. Sie könnten auch beleidigt reagieren, was bedeuten würde, dass Sie auch Ihren Sinn für Humor nicht geschult haben – aber dazu später mehr. Gesagtes unterscheidet sich im Alltagsgespräch häufig von dem, was gemeint ist. Der Ton färbt die Sachebene mit einem subjektiven Untergrund: Ein »Ja« mit dem entsprechenden Tonfall kann »nein« bedeuten.

Bei der Betrachtung des Themas Sinnlichkeit kommen wir nicht darum herum, uns zu vergegenwärtigen, dass in dem Wort »Sinnlichkeit« das Wort »Sinn« bereits enthalten ist. Bei einem Gespräch ist es möglich, nur den Sinn zu verstehen oder aber – je nach eigener Aufnahmefähigkeit und Offenheit, d. h. nach der eigenen Möglichkeit der Zuwendung – auch die feinsten Nuancen der Stimmführung.

Normalerweise beachten wir mit unserem wachen Vorstellungsbewusstsein nur den gedanklichen Inhalt. Dann sind wir nicht verbunden mit der Sinnlichkeitsebene, die uns über das mehr halb bewusste Gefühlsleben Nuancen in der Stimme erfühlen lässt. Diese Ebene ist aber nicht weniger aussagefähig als die gedankliche. Weil die Sinnlichkeit heute immer weniger geschult wird, geraten wir immer mehr in die Gefahr, nur noch inhaltsbezogen auf das »Was« zu hören.

Hören Sie sich einmal Diskussionen an, wie sie heute überall geführt werden. Schon das Wort »Diskussion« (lat. von *discutere*, zerschneiden, zerteilen, zerlegen, zerschlagen) lässt die Absicht erkennen. Wo die Sinnlichkeit fehlt, das heißt die Wahrnehmung mit allen Sinnen, gerät jedes Gespräch zum Gegeneinander. Es gibt Sieger und Besiegte. Vielleicht würde es schon einen Fortschritt bedeuten, wenn wir uns entschließen könnten, statt nur zu diskutieren endlich zu kommunizieren – in Verbindung und im Austausch zu stehen mit allen Sinnen, mit aller Sinnlichkeit.

Wenn wir die Sinnlichkeit immer mehr ausschließen – und wir tun das besonders beim Sprachsinn, indem wir oft nur noch per Telefon, Fax oder E-Mail miteinander kommunizieren, indem wir immer weniger aktiv zuhören und dabei unser Gegenüber wirklich mit allen Sinnen wahrnehmen können. Ja, wenn das so weitergeht, dann werden wir immer weniger in der Lage sein, das Gesagte vom Gemeinten zu unterscheiden. Wir werden nicht erkennen, dass hinter dem Gesagten oft viel mehr steckt als ausgesprochen wird. Darüber hinaus beschneiden wir durch fehlende Sinnlichkeit unsere eigenen Erfahrungen im Hinblick auf die wahrzunehmenden Erlebnisse, die uns zutiefst beglücken oder auch erschüttern können.

Dazu kommt, dass durch die modernen Medien die Kommunikation immer öfter ohne unmittelbare Anwesenheit eines Gegenübers stattfindet. Die Gesprächspartner bleiben anonym. Wir können zu jeder Zeit mit jedem Ort der Welt kommunizieren, aber es wird, da die Sinnlichkeit immer mehr verarmt, immer schwieriger, den Weg von Mensch zu Mensch zu finden. Unsere anderen Sinne – der Sehsinn, der Gedankensinn, der Ichsinn, der Tastsinn und der Geruchsinn – werden nicht mehr mit einbezogen, wenn wir allein über das Wort kommunizieren. Es gilt aber als gesichert, dass mehr als 80 % unserer Verständigung über unser Aussehen, unseren Geruch, unsere Körpersprache, den Gesichtsausdruck und den Klang unserer Stimme ablaufen. Der Körper lügt nicht. Ihre Ausstrahlung bestimmt Ihr Aussehen in dem Maße, wie Sie Ihre Sinnlichkeit geschult haben, wie selbstsicher Sie deshalb sind und wirken. Und diese Selbstsicherheit können Sie nur aus der Präsenz schöpfen, die Sie Sinnlichkeit in jedem Augenblick erfahren lässt.

Kinder schulen das Denken durch Sprechen, nicht umgekehrt. Wir haben Sprechen und Verstehen am Hören gelernt. Wenn wir als Erwachsene das »wahre« Hören überspringen, können wir zu keinem wirklichen Verstehen kommen.

Hörsinn und Sprachsinn können das Gesagte als Ausdruck einer Innerlichkeit auffassen. Gedankensinn und das Gewahrwerden des anderen durch den Ichsinn – unterstützt vom Sehsinn und Eigenbewegungssinn für Mimik und Gestik – erst können zu einem tieferen Verstehen führen.

Das Gleichgewicht aller Sinne sollte bewahrt und gepflegt werden; denn die Sinne stützen sich gegenseitig. Überfordern Sie keinen Ihrer Sinne, und vernachlässigen Sie keinen, denn dann entsteht Unordnung – Krankheit.

Ein Beispiel für das Zusammenwirken von Wort-, Tast-, Seh- und vielleicht sogar Geruchssinn ist der Brief. Auch hier geht es zunächst um das Wort. Aber nicht nur! Bedenken Sie: Wie viel schöner, wie viel sinnlicher ist ein Liebesbrief auf handgeschöpftem Leinen geschrieben – vielleicht noch beduftet und mit einer selbst gepressten Blüte verziert – als eine E-Mail auf einem Bildschirm, unterbrochen von Werbebannern?

Machen Sie sich bewusst, wo das Gefühl dafür bleibt, auf welcher Seite, an welcher Stelle in einem Buch Sie etwas gelesen haben, wenn Sie in Zukunft elektronische Bücher übers Internet beziehen und lesen? Wo bleibt die sinnliche Erfahrung, ein schön gebundenes Buch in der Hand zu halten, vielleicht sogar noch den Geruch der Druckfarbe wahrzunehmen, die Beschaffenheit des Papiers? Wo das sinnliche Erlebnis, noch einmal einige Seiten – gemütlich auf dem Sofa oder auf der Wiese liegend – zurückblättern zu können, um eine besonders schöne Stelle noch einmal zu lesen, sich die Worte in Muße und bequemer Haltung auf der Zunge zergehen zu lassen?

Sehsinn

Das aktivste menschliche Sinnesorgan ist das Auge. Unsere Augen sprechen eine lebhafte Sprache, sind ständig in Bewegung, tasten die Welt mit Blicken ab, sehen schnell aufeinander folgend nah und fern, rechts und links, oben und unten. Beide Augen stellen sich in der Regel auf *ein* Bild ein, obwohl wir im Grunde zwei unterschiedliche Bilder sehen. Die Pupillen erweitern und verengen sich. Diese Bewegung ist abhängig vom Lichteinfall, aber auch von Konzentration, Gemütsbewegungen und seelischer Aktivität. Die Augenlinsen verändern ständig ihre Stärke durch die Wirkung kleiner Muskeln um die Augenlinsen herum. An der Innenwand der Augäpfel entsteht und verschwindet ununterbrochen das so genannte Stäbchenrot, das vor Blendwirkung schützt. Stäbchen und Zäpfchen treten dem Licht entgegen oder ziehen sich zurück. Die Augenlider sind ständig in Bewegung. Alles am Auge ist im Gegensatz zum Ohr auf Bewegung und Beweglichkeit eingestellt.

Der sehende Mensch ist ganz und gar Beweglichkeit. Deshalb heißt es redensartlich auch: *Man hat eine Angelegenheit erst durchschaut, nachdem man sie von allen Seiten betrachtet hat.*

Alles, was wir nicht in der ihm eigenen Art und Weise benutzen, »rostet« ein. Das aktive Bewegen der Augen – das Abtasten der Dinge, das Suchen nach der scharfen Einstellung, das Empfinden der Relation zwischen dem, was seinen Platz ändert, und der Umgebung durch das Wahrnehmen der Erfahrung wechselnder Tiefe im optischen Bild – alle diese Aktivitäten sind wichtig, um das Auge gesund zu erhalten. Durch zu viel und zu frühes Fernsehen (in der Kindheit) wird das Auge als Sinnesorgan genauso geschädigt wie durch stundenlanges Arbeiten am Bildschirm. Unsere Augen befinden sich dabei in einer konstant starren Haltung, weil die Entfernung zum betrachteten Objekt immer gleich bleibt. Die Augen sind »arbeitslos«, die Augenmuskeln bewegen sich kaum, die Linsen überhaupt nicht, die Pupillen wenig, genauso wenig wie die Elemente der Netzhaut. Alles ist in einem Zustand der angespannten Erstarrung. Das ist eine krank machende Situation. Außerdem ist das Licht von Bildschirmen aus elektromagnetischer Energie entstanden, wohingegen »gewöhnliches« Licht meist durch glühende Gase (Sonnenlicht, Gaslicht, Öl- und Kerzenlicht) oder durch glühende Metalle (normale Glühbirnen) entsteht. Bei dem Licht des Bildschirms haben wir es ausschließlich mit einer elektromagnetischen Qualität von Licht zu tun; alle anderen Qualitäten des Lichts sind dabei eliminiert.

Ein anderer Aspekt der optischen Wahrnehmung hat wie beim Hören auch mit seelischen Faktoren zu tun. Wir sehen ja nur die Oberfläche der Dinge und sind dabei auf bildschaffende Aspekte angewiesen. Bei jeder optischen Wahrnehmung kommt das denkende Urteil dazu. Es versucht zu dem Wesen der Dinge zu gelangen. Dass wir nicht nach dem Mond greifen, beruht darauf, dass unsere optische Wahrnehmung durch unser Urteil, unser Wissen, unsere Erfahrung und unsere Erinnerung korrigiert wird.

Aus diesen Tatsachen lässt sich erahnen, wie schädlich Fernsehen und Computerspiele für die gesunde Entwicklung des Sehsinns, aber auch für die seelische Entwicklung bei Kindern sind. Im Erwachsenenalter kommen wir oft nicht darum herum, einige Stunden am Tage vor dem Bildschirm zu verbringen. Auch ich schreibe dieses Buch direkt am PC. Umso wichtiger ist es jedoch, dem Auge regelmäßig die ihm zustehende Aktivität zu gönnen, es regelmäßig schweifen zu lassen über die Natur, über Bilder und Farben, die heilsam wirken, die beruhigen und die dem Auge die lebensnotwendige Aktivität ermöglichen. Nur so kann Sehen wieder zu einem wohltuenden, lustvollen und sinnlichen Erlebnis werden.

Gehörsinn

Es gibt eine technische Auffassung von Klang und Laut. Danach bestehen Klang und Laut aus nichts anderem als aus mechanischen Erscheinungen, aus Schwingungen. Diese pflanzen sich über den Luftstrom fort oder werden – wie es z. B. bei Radiosendern der Fall ist – in elektromagnetische Schwingungen umgesetzt, ausgesendet und beim Empfang wieder in mechanische zurückverwandelt. Dabei wird in keinster Weise berücksichtigt, dass der Mensch durch die Beschaffenheit seines Gehörs im Stande ist, noch etwas anderes wahrzunehmen und zu empfinden als diese mechanischen Schwingungen.

Die Beschaffenheit des Materials, das aus dem Zustand der Ruhe in Schwingung versetzt wird, bestimmt die Klangfarbe von Tönen (Luft im Blasinstrument, Metall einer Glocke oder Wasser- und Windbewegungen). Töne und Geräusche können auch durch Temperaturschwankungen bei festen oder pflanzlichen Materialien ausgelöst werden. Bei Tieren und Menschen kommt noch etwas anderes hinzu:

Es ist zwar der Luftstrom, der den Laut trägt und fortpflanzt, den ein Tier durch seine Lautwerkzeuge (bei Grille andere als bei Wirbeltieren) erzeugt, aber das Wesen dieses Lautes wird geprägt durch das jeweilige Stimmorgan, also durch etwas, das diesen Luftstrom umgibt. Der Mensch offenbart durch seine Stimme einen Teil seines seelischen Wesens, seiner momentanen Stimmung, seiner innerlichen Haltung. Klang kann im Gegensatz zum optischen Schein nicht täuschen.

Aus einem Lautsprecher kann jedoch nur eine Imitation vom Klang eines Gegenstandes, den Lauten der Natur oder der Sprache eines Menschen kommen, denn die Geräusche eines Radio- oder TV-Lautsprechers sind durch ein dem Laut wesensfremdes Element, den Elektromagnetismus, entstanden.

Das menschliche Ohr ist durch seine Anatomie und Physiologie so aufgebaut, dass alles, was vom Klang in Bewegung gebracht wird, im Ohr in seiner Intensität verringert, abgebremst und zur Ruhe gebracht wird. Der hörende Mensch hat die Neigung, auf die gehörten Klänge zu resonieren, mitzuklingen und mitzuschwingen. Damit wird die heute immer populärer werdende Klangtherapie verständlich.

Um jedoch zu intensivem Lauschen im Stande zu sein, müssen wir diese Mitschwing-Reaktionen unterdrücken, die entstehende Resonanz aktiv beherrschen und innehalten. Hier ist eine Analogie zwischen dem Lauschen und der physiologischen Funktion des Ohres erkennbar. Das Ohr kann uns sozusagen lehren, dass wir zur Ruhe kommen müssen, um so intensiv wie möglich hören zu können. Oder umgekehrt: **Der lauschende Mensch ist ganz und gar zur Ruhe gekommen.**

Wie bei allen Sinnen sind am Hören normalerweise auch andere Sinnesorgane beteiligt: der Sehsinn (wir erblicken das klingende Objekt), der Bewegungs- und Gleichgewichtssinn (wir bewegen unseren Kopf in Richtung der Lautquelle) und der Gedankensinn (wir machen uns ein Bild von der Lautquelle). Wir können das Gehörte räumlich lokalisieren, können wahrnehmen, ob es weit entfernt oder nahe klingt. Wenn wir nun aber Musik aus dem Lautsprecher hören, hören wir eigentlich nur, was aus dem Lautsprecher kommt, nämlich die Laute von in Schwingung versetzter Luft. Dass es sich dabei z. B. um Flöten- oder Geigentöne, um Naturgeräusche o. ä. handelt, wissen wir nur aus unserer Erinnerung und Erfahrung. So verbinden wir die Laute mit den ursprünglichen Quellen. Das lebendige Element in Klang, Laut und Musik ist durch die Wiedergabe über das Radio verschwunden. Eine CD hört sich, sooft wir sie auch auflegen, immer ganz genau gleich an. Wir hören sie, ohne dass wir sie ergänzend mit anderen Sinnesorganen wahrnehmen können.

Wenn wir als Kinder die Möglichkeit hatten, uns einen großen Schatz verschiedener Klangeindrücke aus natürlichen Quellen (Wind, Vogelgesang, Tierlaute, Rauschen des Meeres, Gesang, Instrumentalmusik, verschiedene Sprachen etc.) anzueignen, wird unser Gehörsinn differenziert ausgebildet sein. Ob das heute bei Stadtkindern der Fall ist, kann in der Regel verneint werden. Nicht umsonst ist es den meisten älteren Menschen in Lokalen heute zu laut. Sie hatten als Kinder noch die Möglichkeit des Erlauschens von natürlichen Geräuschen. Die jüngere Generation hingegen ist mit Radio und TV aufgewachsen. Sie neigt dazu, immer Hintergrundmusik zu brauchen. Diese wird oft von Jahr zu Jahr lauter, da ihr Gehör durch dieses passive Zuhören und willenlose Anhören abgestumpft ist. Auch die – natürlich unbewusste – Neigung, sich noch weniger anstrengen zu müssen, führt dazu, das Radio immer lauter zu stellen. Das Lauschen als seelische Aktivität liegt dabei brach. Diese unbenutzte Energie entlädt sich oft in Überbeweglichkeit und Unkonzentriertheit.

Es macht also Sinn, den Hörsinn zu verfeinern und zu schulen, denn auch das Gehör ist ein Teil des Menschen, der zu einem sinnvolleren Dasein durch Achtsamkeit führen kann. Erst Achtsamkeit macht wirklichen Genuss überhaupt möglich. Das gilt besonders für alle nach außen gewandten Sinne.

Geruchssinn

Der Geruchssinn ist ein mächtiger Zauberer,
der uns über Tausende von Kilometern und
über alle Lebensjahre hinweg zu tragen vermag.
(Helen Keller, taubblinde Schriftstellerin)

Wenn wir einen Raum betreten, spüren wir sofort, ob dort »dicke Luft« herrscht oder ob »ein guter Geist« in diesem Raum lebt. Düfte bestimmen die Atmosphäre und die Harmonie eines Raumes und sind direkte Botschaften zu unserem Gefühl. Sie wurden zu allen Zeiten für magische oder religiöse Zeremonien verwendet, da ihnen schon immer eine geheimnisvolle Macht und Wirkung zugeschrieben wurde. Düfte werden in Parfüms, Bädern und allen möglichen Körperpflegemitteln verwendet, um Menschen »anziehend« duften zu lassen.

Cleopatra beduftete die Segel ihres Schiffes, damit Caesar sie schon aus großer Entfernung begehrte. Weise Menschen alter Kulturen wussten, dass Düfte tief gehende Wirkungen auf die feinstofflichen Körper aller Lebewesen ausüben. Diesem Wissen liegt die Erkenntnis zugrunde, dass unser Universum aus verschiedenen Elementen besteht:

- ❁ der physischen Welt (materielle Welt)
- ❁ der ätherischen Welt (Welt der Lebensvorgänge)
- ❁ der astralen Welt (Welt der Emotionen, Gefühle, Antipathien, Sympathien, Instinkte, des Unterbewusstseins etc.)
- ❁ der geistigen Welt

Da der Mensch ein Abbild der Natur ist, finden sich auch in ihm alle diese Bereiche wieder. Sie durchdringen den Menschen genauso wie die gesamte Natur und den Kosmos.

Bereits im alten Ägypten war die stimulierende Wirkung der Düfte bekannt. Ägyptische Frauen versteckten Kyphi-Kügelchen (eine Mischung aus 16 verschiedenen Duftstoffen) in ihrem Mund, in der Nase und in ihrem Schoß, um damit Männer zu verführen. Nach indianischer Ansicht haben ätherische Riechstoffe seelische Wirkungen und können sogar Sünden tilgen. In Asien wurde bereits 2800 v. Chr. die harmonische Abstimmung von Riechstoffen kultiviert. Auch Männer parfümierten sich, Düfte wurden zu Staatsverhandlungen eingesetzt und Prozessionen beduftet.

> *Der Körper ist der Übersetzer der Seele ins Sichtbare, der Geruch ist ihr unsichtbarer Vorbote.*
>
> (Christian Morgenstern)

Düfte senden Schwingungen aus. Gerüche entstehen, wenn materielle Teilchen verdunsten. Diese kommen mit unseren Geruchsnerven in Berührung und werden über die Haut und die Lunge durch die Atmung direkt in unseren Körper weitergeleitet. Die Geruchswahrnehmung ist der einzige Sinneseindruck, der ohne Kontrolle durch unsere Großhirnrinde direkt ins Stammhirn gelangt, wovon das Limbische System, der Sitz unserer Emotionen, Instinkte, Gefühle etc., ein Teil ist. Gerüche haben deshalb Einfluss auf Hypothalamus und Zirbeldrüse, auf die Atmung, den Wasserhaushalt, die Körpertemperatur und die Ausschüttung neurochemischer Stoffe. So werden Reflexe ausgelöst, die unsere Organfunktionen beeinflussen, unser Unterbewusstsein, unsere Leidenschaften. Gerüche können Sympathien oder Antipathien auslösen oder alte Erinnerungen wachrufen.

In reinen ätherischen Ölen gibt es noch immer viele unbekannte Duftbausteine. Sie sind längst nicht alle erforscht, tragen jedoch alle zu einem unverwechselbaren Duft mit unverwechselbarer Wirkung und großer Kraft bei. Z. B. haben »Riechforscher« vor wenigen Jahren einen Duftstoff in der grünen Paprikaschote entdeckt, von dem ein Tropfen in einem Olympiaschwimmbecken merkbar duftet.

Magie der Düfte

> *Duft ist ein Hauch von unbegrenzten Dingen.*
>
> (Charles Baudelaire)

Wir können durch Düfte unsere und die Reaktionen anderer Menschen beeinflussen und lenken. Wir können unsere Individualität unterstrei-

chen oder aber verdecken. Das Gleichgewicht unserer Körperflüssig-
keiten kann durch ätherische Öle aufrechterhalten oder wiederherge-
stellt werden. Unser Temperament kann gezügelt oder beflügelt, unser
Konzentrationsvermögen gestärkt, unser Lustempfinden gesteigert
werden. Düfte können beruhigend, ausgleichend, anregend, belebend,
aktivierend wirken und unsere emotionale wie auch unsere Geistesver-
fassung in jede Richtung verändern. Wir können Menschen wohlwol-
lend oder ablehnend stimmen und können nicht zuletzt unsere Aura
und die unserer Umgebung durch Düfte beeinflussen.

Es ist wirklich Magie, die von Düften ausgeht. Jede Geruchswahrnehmung ist – wenn oft auch unbewusst – mit einem Gefühl verbunden. **Düfte sind Sinnlichkeit pur!**

Alle lebenden Wesen haben ihren individuellen »Duftkode« und
kommunizieren darüber miteinander: Blumen mit Bienen, Wale und
Delphine untereinander genauso wie Hunde, Insekten und andere Tie-
re.

Der Geruchssinn lässt die Distanz zum anderen wegfallen. Es ist deshalb sinnvoll, diesem Sinn besondere Aufmerksamkeit zu schenken und
ihn zu schulen.

Anwendungen ätherischer Öle, die unserer Sinnlichkeit behagen:

Ätherische Öle können in Räumen sowie innerlich und äußerlich angewendet werden. (Bei innerer Anwendung muss vorher immer ein er-
fahrener Aromatherapeut konsultiert werden.)

In folgenden Bereichen können Düfte angewendet werden:

- ❀ Wohn- und Arbeitszimmer
- ❀ Hotelzimmer
- ❀ Krankenzimmer
- ❀ Auto
- ❀ Schränke
- ❀ Waschmaschine
- ❀ Putzmittel
- ❀ Wandfarben
- ❀ Briefpapier
- ❀ Tinte

Hier wirken Düfte gegen schlechte Gerüche, gegen Insekten und des-
infizierend gegen Krankheitskeime. Sie beeinflussen aber vor allem

unsere Stimmung und damit unsere Sinne. Die Wohlgerüche binden sich an Materialien und verströmen ihren Duft. In einigen Anwendungsbereichen können die Öle direkt dem Träger zugesetzt werden, z. B. der Tinte, der Wandfarbe, dem Putz- oder Waschmittel, oder auf das Briefpapier geträufelt werden.

Für die Beduftung von Räumen gibt es Aroma-Lampen, die mit Wasser gefüllt werden, das dann erwärmt wird und zusammen mit den ätherischen Ölen verdampft. Zerstäuber und Zimmerbrunnen haben ähnliche Wirkungen. Duftsteine oder -behälter, die mit ätherischen Ölen beträufelt oder gefüllt werden, stellt man in Schränke oder Räume. Für Kleiderschränke gibt es Tonringe, Hölzer oder Duftvliese.

Auch Kerzen können ätherische Öle enthalten, die sich beim Abbrennen entfalten. Eine andere Variante sind Potpourris. Das sind Pflanzenteile und Blüten, die – in schöne offene Gefäße gefüllt – ihren eigenen Duft entfalten und mit Mischungen aus ätherischen Ölen aromatisiert werden. Diese Potpourris werden in Räumen aufgestellt. Auch Airsprays mit guten Duftmischungen sind heute erhältlich.

Genießen Sie Ihr Zuhause und Ihren Arbeitsplatz, indem Sie sich mit den Düften der Pflanzen verwöhnen und Ihrer Sinnlichkeit Raum geben!

Wenn wir atmen, nehmen wir Gerüche wahr und verinnerlichen sie. Diese seelischen Wirkungen erklären sich – wie schon gesagt – auch aus der Tatsache, dass die Geruchsnerven direkt mit unserem Limbischen System verbunden sind und somit Einfluss auf Hypothalamus und Zirbeldrüse, auf Atmung, Wasserhaushalt, Körpertemperatur und die Ausschüttung neurochemischer Stoffe haben.

Die Duftmoleküle gelangen also als Information von außen ohne Kontrolle durch die Großhirnrinde direkt in unser Stammhirn, wovon das Limbische System ein Teil ist. Das Stammhirn ist der älteste Teil unseres Gehirns und Sitz unserer Emotionen, Fantasien, unserer Sexualität, Zu- und Abneigungen, Motivationen sowie unserer Kreativität. Es reguliert das vegetative Nervensystem und das Gedächtnis. Hier werden auch Sympathie und Antipathie gesteuert – das zeigen schon unsere Redewendungen:

- ❀ »Wir können uns nicht riechen.«
- ❀ »Du stinkst mir.«
- ❀ »Ich habe die Nase voll.«
- ❀ »Das stinkt ja zum Himmel.«

Ein Parfüm ist, was einer Frau vorausgeht, wenn sie kommt, und bleibt, wenn sie gegangen ist.
(Italienischer Parfumeur)

Untersuchungen beweisen, dass auch der Menstruationszyklus durch Körpergerüche gesteuert wird. Auch die Ausschüttung von Sexualhormonen wird durch Düfte beeinflusst. Diese Tatsache machen sich alle Parfumeure zunutze.

Ein weiterer Aspekt im Hinblick auf unseren Geruchssinn ist unsere Einstellung als Nährboden für jede Krankheit. Krankheiten haben sehr oft ihren Ursprung im seelischen Bereich. Kein allopathisches Medikament kann hier heilend wirken (Allopathie: Heilverfahren, das Krankheiten mit entgegengesetzt wirkenden Mitteln zu behandeln versucht; wird in der Schulmedizin angewandt und bringt sehr oft nur die Symptome zum Verschwinden, ohne dabei eine wirkliche Heilung zu bewirken – meist mit krankmachenden Nebenwirkungen verbunden), ätherische Öle jedoch sehr wohl, da sie negativen Gefühlen und Aggressionen entgegenwirken und somit das Unterbewusstsein beeinflussen und Quelle für kreatives Schaffen sein können. Gerüche können häufig sehr alte Erinnerungen und dadurch unterschiedlichste Reaktionen auslösen.

Geschmackssinn

Ein anderer Sinn, der viel mit lustvoller Sinnlichkeit zu tun hat, ist der Geschmackssinn. Ihn wirklich auszukosten, bedarf es vieler anderer Sinne, die schon beim Zubereiten einer Mahlzeit angesprochen werden. Ohne riechen zu können, schmecken wir nichts. Und auch das Auge isst ja bekanntlich mit. Ein Versuch mit entfärbten Lebensmitteln, die aber alle lebensnotwendigen Nährstoffe enthielten, hat gezeigt, dass Versuchspersonen, die sich über Wochen von diesen farblosen Mahlzeiten ernährten, alle krank wurden.

Wie steht es mit unserem Geschmackssinn in einer Zeit der Convenience-Produkte, der Lebensmittelzusätze, der industriellen Produktion von Nahrungsmitteln, der Designer-Food-Industrie?

Karl Ludwig Schweisfurth beschreibt in seinem Buch »Vom guten Fleisch« fast sinnlich fühlbar, welches sinnliche Fest das Kochen mit naturbelassenen, guten Zutaten sein kann. Wie wichtig dabei der Eigengeschmack und die Eigenart der Zutaten ist und wie diese sich gleich einer Symphonie zu einem Mahl zusammenfügen, wird genauso deutlich wie das sinnliche Erlebnis des Kochens selbst. Dabei kommen weder Hören noch Fühlen noch Riechen zu kurz. Ich zitiere:

»... und dann wird es still, es wird nicht mehr viel geredet. Zu hören ist nur das Geräusch des schneidenden, hackenden Messers beim Würfeln und Schaben, das Hantieren mit dem Schneebesen oder dem Kochlöffel, das Knistern und Zischen des Fleisches in der Pfanne, das leichte Brodeln des kochenden Suds mit dem Gemüse.

Das Gefühl beim Anfassen und Schneiden des kühlen Fleisches und der nackten Haut des Geflügels – wie schön und welche Freude!

Das Eintauchen des Fingers in die Crème fraîche zum Probieren – welche Lust!

Der Duft der frischgestoßenen Gewürze – welche Wonne! ... eine Symphonie der Düfte. ... Die Kunst des Kochens liegt wohl darin, das Ursprüngliche und das Einfache zu seiner eigenen Vollkommenheit zu bringen. Dabei ist Sinnlichkeit ein wichtiges Element, Kommunikation und Begegnung im Miteinander-Tun werden ebenso zur sinnlichen Erfahrung wie Zeit, die versinkt, Nervosität und Hektik, die abfallen.

Dann ist die Arbeit des Kochens keine Arbeit mehr, sondern reine Freude und Erfüllung, Kreativität. Das gemeinsame Essen wird zum Fest und zum sinnlichen Genuss, zum Wohlbehagen zur Lebensfreude, zur Kultur.«

Aber es geht auch viel »einfacher«:

Haben Sie sich z. B. schon einmal den Geschmack einer sonnenwarmen Walderdbeere auf der Zunge zergehen lassen? Oder kennen Sie das Gefühl, in einer Fastenperiode den täglichen Löffel Honig im Munde zu schmelzen? Welche Sinneslust ist es, die Soße eines guten Sonntagsbratens vor dem Servieren mit dem Finger abzuschmecken! Wie lustvoll kann es sein, ein Stück frisches Brot mit Butter wirklich so lange zu kauen, bis es zu einem flüssigen Brei geworden ist! Unser Geschmackssinn kann wiederbelebt werden, wenn wir beginnen, Lebensmittel wirklich einzeln und naturbelassen auszukosten.

Tastsinn

Es tut wohl, berührt, gestreichelt, massiert oder einfach gewärmt zu werden – von Haut zu Haut. Über 3000 Hautsinnesorgane pro Quadratzentimeter nehmen die leiseste Berührung wahr. Intime Nähe reizt die Sinnesorgane der Haut, die Produktion von »Wohlfühlhormonen« beginnt.

Instinktiv trösten wir Kinder, indem wir sie auf den Arm nehmen und ihnen über den Kopf streicheln. Wen wir lieben, umarmen, kosen und küssen wir. Jeder intensive Liebesakt ist ein Feuerwerk der Berührung, der Sinnlichkeit.

Während südliche Völker, besonders die Griechen, sehr berührungsfreudig sind, gehören die Amerikaner eher zu den »kühlen« Typen. Untersuchungen ergaben z. B., dass sich Paare in einem Café in den USA pro Stunde zwei Mal anfassen, während der Wert in Paris bei 110-mal liegt und in der Karibik sogar bei 180-mal.

Immer mehr »Berührungsforscher« kommen dem Geheimnis der Hautberührung auf die Spur. Die Sprache der Berührung ist emotional und meistens eindeutig wie Liebkosen, Kraulen, Kitzeln, Streicheln usw. Hautreize werden in der sensiblen Hirnrinde verarbeitet und über Assoziationsbahnen zum Tor unseres Bewusstsein, dem Thalamus, weitergeleitet. Der Hypothalamus, unsere oberste Hormonschaltzentrale, steuert dann die Ausschüttung von Stress- oder Antistresshormonen. Über bestimmte Verbindungen werden innere Organe beeinflusst, und auch unser Immunsystem wird von den Einflüssen des Hypothalamus gesteuert. Über die Hinterhörner des Rückenmarks gelangen die durch Berührung erzeugten Erregungen auch zum so genannten Limbischen System, das unsere Emotionen lenkt und entwicklungsgeschichtlich der älteste Teil unseres Gehirns ist.

Körperkontakt ist die direkteste Kommunikation zwischen Mensch und Mensch, Mensch und Tier. Jede Massage – so belegen Studien – beeinflusst den Hormonhaushalt. So benötigen z. B. kranke Menschen, die regelmäßig massiert werden, weniger Schmerzmittel. Auch bilden sich mehr Killerzellen im Blut von HIV-Infizierten, da sie weniger Stresshormone produzieren. Bei Alzheimer-Patienten verbessert sich durch eine elektrische Reizung der Haut und eine tägliche Massage über einen Zeitraum von sechs Wochen die Gedächtnisleistung und die Stimmung.

Durch Berührung ausgelöste Botenstoffe nehmen Ängste, lindern Schmerzen, bauen Stress und Verspannungen ab. Lernfähigkeit und Immunsystem werden gestärkt. Insgesamt steht fest, dass Körperkontakt ein sehr wichtiger Faktor für unsere Gesundheit ist.

Doch wer tagsüber am Bürostuhl »klebt«, den Kontakt zu Freunden per Telefon aufrechterhält und nächtelang im Internet surft, dessen Berührungswelt reduziert sind auf die Bedienungsflächen der Apparaturen. Wir brauchen die Berührung der Haut, um zu gedeihen, um stressfrei leben und Krankheiten abwehren zu können. Ohne Berührungen – so beweisen Studien von »Massageforschern« – werden Menschen zunehmend aggressiv, gestresst und schneller krank.

Viel Gewalt in einer Kultur geht einher mit wenig Berührung. Daten verschiedener Studien zeigen eindeutig: Je mehr Körperkontakt Kinder im Vorschulalter bekommen, desto ausgeglichener sind sie. Wir sollten deshalb nicht nur unsere Kinder öfter streicheln, liebkosen und massieren, sondern auch unter uns zwanglose »Haut-auf-Haut-Berührungen« fördern.

Wenn Sie also alleine leben und keinen Menschen haben, der Sie berührt, den Sie berühren möchten, kann ich Ihnen nur raten, sich ab und zu eine gute Massage zu gönnen. Es ist die älteste Heilkunst, die es gibt. Und Sie können heute wählen zwischen verschiedensten Massagearten, angefangen von der »normalen« Sportmassage über TouchLife-Massage (eine sehr intuitive Massage, die am Esalen-Institut in Kalifornien ihren Ursprung hat und in Deutschland vom TouchLife-Institut weiterentwickelt wurde) bis hin zu hawaiischer, Huna-, Aroma-, Ayurveda- und anderen Massagen. Kein elektrisch-mechanisch betriebener Massagestuhl ersetzt die Berührung durch eine menschliche Hand. Es fehlt die Sinnlichkeit der Zuwendung. Es fehlt die Energie der menschlichen Hand.

Die Haut vereint Sinnlichkeit und Funktion. Ungefähr 1,7 Quadratmeter Haut umhüllen den Körper eines Erwachsenen. Fünf Millionen Nervenenden, die dem Gehirn selbst die flüchtigste Berührung melden, wollen stimuliert werden. Was nicht benutzt wird, verkümmert. **Alles lebt aus der Beachtung und hört auf zu sein durch Nichtbeachtung.**

Wir sollten deshalb achtsam gegenüber unseren Sinnen sein. Wir sollten sie besser nutzen, benutzen und pflegen. Fantasie und Offenheit, Neugierde und Mut sind Voraussetzungen dafür. Lassen Sie sich überraschen beim Erleben Ihrer Sinnlichkeit durch meine Anregungen und Sinnesübungen! Werden Sie spielerisch wie ein Kind! Erleben Sie die Lust der lustvoll-wonnigen Sinnesschauer beim Ausprobieren! Genießen Sie dabei Ihre Kraft und Ausstrahlung!

Unsere Sinnlichkeit

Die Lust der Sinnlichkeit ist eine Quelle der Freude und Lebensenergie, die durch nichts ersetzt werden kann. Wir können ein Schlemmermahl genießen oder in einer heißen, sinnlichen Liebesnacht die Haut des vertrauten Partners »einatmen«, uns durch sein Liebkosen glücklich fühlen, uns am Spiel der Hunde auf der Wiese erfreuen, einfach Faulenzen, uns im warmen Sand räkeln, uns an der Wärme der Sonne auf dem Bauch ergötzen oder am Eintauchen in einen kühlen, klaren See. Wir können ein gutes Glas Wein – vielleicht auf den Hügeln der Toskana – kosten; was auch immer, Ihrer Fantasie sind keine Grenzen gesetzt.

Sie können Dinge tun, bei denen Sie nicht vernünftig sein müssen, z. B. »Abtanzen« – wie die Kids es heute nennen – in einer Disko mit ohrenbetäubender, lauter Musik, einfach aus Freude an der Bewegung (Bewegungssinn). Da müssen Sie weder denken noch vernünftig sein.

Wirkliche Sinnlichkeit setzt dem Steigerungsspiel der Möglichkeiten allerdings ein Ende. Wir können die Welt nicht verdoppeln, aber über die Pflege unserer Sinnlichkeit unsere Erfahrungen vertiefen. Das alles macht auch Sinn: den Sinn, sich einmal nur der Freude am eigenen Körper, an der Bewegung, am Genuss hinzugeben. Nicht neue Möglichkeiten der sexuellen Luststeigerung sind angesagt – sie führen letzten Endes nur zu Überdruss und Langeweile, zu Gefühlen der Sinnlosigkeit und des Unbefriedigtseins. Nicht neue Nahrungsmittel-Designs für Joghurt oder Fertiggerichte tragen zur Gesundung des ganzen Menschen bei, nicht noch mehr Konsum.

Wenn die Seele hungert, kann man sie nicht mit Wohlstand füttern.
(Verfasser unbekannt)

Ja, Sinnlichkeit gehört zur Lebensfreude wie Liebe und Lust. Oder umgekehrt: *Alles, was du mit Liebe tust, wird zur Lust* (Thomas von Aquin).

Es sind der Blick auf den Sinn, der Wille zum Sinn, der immer auch Liebe beinhaltet, und die Kultivierung der Sinnlichkeit, die zu Nachhaltigkeit und Gesundheit führen. Aber darüber später mehr im Kapitel »Über Sinnlichkeit zum Sinn«.

Sinnesübungen

Es ist gar nicht so leicht und wahrscheinlich auch gar nicht sehr sinnvoll, Übungen ausschließlich für einzelne Sinne zu machen. Der Mensch ist nun einmal ein vielschichtiges Wesen, er hat Körper, Seele und Geist. Er hat einen Willen, fühlt, denkt, handelt, urteilt und nimmt wahr. Alles durchdringt und beeinflusst sich gegenseitig und hängt miteinander zusammen. Wenn wir nichts riechen, schmecken wir nichts. Wenn wir nichts sehen, hören wir nach einiger Zeit in der Regel besser und verfeinern andere Sinne. Wenn wir uns ganz in den Gedankensinn vertiefen, beeinflusst das etliche unserer Sinne oder schaltet sie gar aus, wie z. B. unseren Wärmesinn und Tastsinn, unseren Zeitsinn oder Ichsinn. Dennoch möchte ich Ihnen einige sinnvolle Übungen zur Verfeinerung Ihrer Wahrnehmung anbieten.

Übungen fürs Hören

- Sprechen Sie einen Text, den Sie mögen, mehrmals auf eine Kassette, und versuchen Sie, Ihrer Stimme jedes Mal einen anderen Ausdruck zu geben. Sprechen Sie laut und leise, intensiv und einfühlsam, ängstlich und forsch, selbstbewusst und überzeugend, unsicher und monoton. Hören Sie den Text in seinen verschiedenen Variationen danach an.
- Gehen Sie hinauf in die Berge oder ans Meer, und setzen Sie sich allein ganz still hin, um die Geräusche der Natur zu erlauschen: das Plätschern eines Baches, das Rauschen des Meeres, den Schrei der Möwen, den Wind in der Wipfeln der Bäume, das Knistern des Laubes, das Zwitschern der Vögel, das Zirpen der Grillen im Süden oder das Aufplatzen reifer Samenkapseln.
- Reden Sie einen ganzen Tag mit betont leiser Stimme. Sie werden merken, dass auch die anderen Menschen Ihnen leiser antworten.
- Setzen Sie sich in einen Raum Ihrer Wohnung, schließen Sie die Augen, und lauschen Sie den Geräuschen Ihrer Wohnung.
- Versuchen Sie, ankommende Gäste an ihren Schritten zu erkennen.

Übungen fürs Hören und Riechen

Um den Geruchs- und Gehörsinn zu intensivieren, ist es absolut notwendig, zunächst einmal bewusst wahrzunehmen, wie es sich anfühlt, gar nichts zu hören und gar nichts zu riechen. Da beginnt schon die erste Schwierigkeit, denn unsere Ohren und unsere Nase können wir im normalen Alltag gar nicht verschließen. Jeder weiß zwar, wie es sich anfühlt, wenn man sehr stark erkältet ist und nichts mehr riecht. Jeder weiß, dass dann selbst das Essen nicht mehr schmeckt. Aber gar nichts zu hören, ist fast unmöglich. Unsere Ohren sind immer »offen«, selbst dann, wenn wir schlafen.

Gewöhnen Sie sich deshalb an, mindestens einmal im Monat wirklich weit hinaus in die Natur zu gehen, fernab von Straßenlärm, Musik und anderen Geräuschen. Hier können Sie die klare Luft genießen, werden jedoch – wenn Sie sensibel dafür sind – die vielen Gerüche der Natur wahrnehmen, ob Sie wollen oder nicht.

Lassen Sie morgens den Tag in Ihre Wohnung. Öffnen Sie kurz alle Fenster und lassen frische Luft herein, auch wenn es kalt draußen ist. (Der Körper braucht diese kurzen Kältereize, um gesund zu bleiben.) Sie vertreiben damit Gerüche, alte verbrauchte Energien und verbrauchte Luft.

Diese wiederkehrenden »Rituale« sind Voraussetzung zur Sensibilisierung Ihres Geruchs- und Gehörsinnes.

In Verbindung mit Musik und Meditation lässt sich die Wirkung von Gerüchen und Düften besonders gut erfahren. **Nehmen Sie sich einmal in der Woche oder einmal am Tag mindestens 15 Minuten Zeit, um Ihren Geruchs- und Ihren Hörsinn zu befriedigen und zu schulen:**

Zur Entspannung und Harmonie

- ❀ Beduften Sie einen Raum ca. zehn Minuten vor Ihrer Entspannungsübung mit einer Aromalampe, in deren Wasser Sie drei Tropfen reines **Rosenöl**, drei Tropfen **Lavendel extra** und drei Tropfen **Neroli** (Orangenblüte) träufeln.
- ❀ Legen Sie beruhigende Musik auf, z. B. die Adagios der Barockkonzerte oder aus den Symphonien von Mozart oder Beethoven.
- ❀ Setzen oder legen Sie sich bequem hin, und sorgen Sie dafür, dass Sie nicht gestört werden und dass es warm ist:

❀ Beobachten Sie jetzt Ihren Atem, ohne ihn zu verändern. Sprechen Sie innerlich mit: *»Einatmen – ausatmen – Stille.«* Schließen Sie dabei Ihre Augen, und öffnen Sie sie erst wieder, wenn die Zeit vorbei ist. Anfangs können Sie mit einer Eieruhr arbeiten. Nach einigen Malen werden Sie feststellen, dass mit dieser Übung auch Ihr Zeitsinn geschult wird und Sie durch Ihre »innere Uhr« ganz automatisch Bruchteile von Sekunden vor Ende wissen, dass die Uhr abläuft und Sie in den Alltag zurückkehren werden.

❀ Stellen Sie sich vor, beim **Einatmen** alles aufzunehmen, was Ihnen Ruhe und Gelassenheit gibt, was Sie fördert und glücklich macht, was Sie in **Harmonie** bringt.

❀ Beim **Ausatmen** stellen Sie sich vor, alles hinausfließen zu lassen, was Sie behindert, Ihnen Stress bereitet oder Angst macht.

Verstärken können Sie diese Übung, indem Sie zunächst einen Ort imaginieren, an dem Sie sich ganz besonders wohl und glücklich fühlen. Lassen Sie alles, was diesen Ort ausmacht, vor Ihrem inneren Auge ganz deutlich entstehen: Farben, Gerüche, Temperatur, Ausstattung, Geräusche etc. Beginnen Sie mit den Atemübungen, wenn Sie Ihren Ort klar vor dem inneren Auge sehen.

Zur Beflügelung der Stimmung:
❀ Jupiter-Symphonie von Mozart
❀ Peer Gynt (Suite Nr. 1 op. 46 – Morgenstimmung) von Grieg
❀ Beduften Sie den Raum mit Grapefruit, Zitrone und Orange.

Zum Genießen sinnlicher Stunden
❀ Adagio von Mahlers Symphonie Nr. 5
Beduften Sie den Raum mit Sandelholz und Rose oder mit Neroli, Ylang-Ylang und Salbei.
❀ Concerto in a-Moll von Grieg, den zweiten Satz
Beduften Sie den Raum mit Immortelle.
❀ Sensual Classics Two (mit Stücken von Tschaikowski, Beethoven, Mozart, Brahms, Chopin; Schubert, Dvořák, Ravel, Bizet, Shostakovich)
❀ Rouge & Noir – Erotic Moments in Music
❀ Love in the Wind (AEOLIAH)

Sie werden verblüfft sein, wie unterschiedlich Sie sich fühlen! Probieren Sie es aus, und wählen Sie die Musik, die Ihnen besonders »unter die Haut geht«.

Und wenn Sie sich unbedingt Ihrem Weltschmerz hingeben möchten (was durchaus manchmal sinnvoll sein kann), wählen Sie eine traurige, schwere Musik, z. B. die Symphonie Nr. 3 von Górecki (Symphonie of Sorrowful Songs) oder das Adagio aus dem Klavierkonzert a-Moll, op. 16 von Grieg.

Eine andere Möglichkeit, den Geruchs- und Hörsinn zu schulen, ist es natürlich, in der Natur eine ganze Stunde ganz allein, weit entfernt von jeglicher Zivilisation einfach nur dazusitzen oder zu liegen und ganz bewusst die Gerüche und Geräusche der Natur in sich aufzunehmen.

Als einfache und kurze Sinnesübungen, die Sie ohne großen Aufwand in Ihren Alltag integrieren können, bieten sich folgende Übungen an:

- Zerreiben Sie Kräuter (Basilikum, Petersilie, Koriander, Rosmarin, Thymian etc.) zwischen den Fingern – wenn Sie im Süden sind, Orangen- oder Zitronenbaumblätter –, und riechen Sie daran.
- Essen Sie manchmal mit verbundenen Augen.
- Nehmen Sie verschiedenes Obst in die Hand, und riechen Sie daran.
- Horchen Sie auf das Fließen des Wassers eines Zimmerbrunnens, und spüren Sie dabei, wie das Lärmen der Gedanken zur Ruhe gebracht wird.
- Besorgen Sie sich Räucherschalen und edles Räucherwerk, und lauschen Sie dann der duftenden Stille, die Sie inspirieren wird und innehalten lässt. Eine Frage oder Botschaft können Sie dem aufsteigenden Rauch mitgeben, so wie es in antiken Ritualen gepflegt wurde, um den Geist zu inspirieren.

Ihrer Fantasie sind keine Grenzen gesetzt. Musik und Düfte sind Stimmungszauberer, die aktivieren und anregen können, die erfrischen und entspannen oder schöne Erinnerungen wecken. Lassen Sie Ihre Seele baumeln, und tauchen Sie ab und zu ein in die Welt der Sinnlichkeit von Hören und Riechen.

Übungen für den Tastsinn

Ich könnte an dieser Stelle natürlich alle möglichen Übungen für den Tastsinn aufführen, angefangen vom Erfühlen verschiedener Materialien mit der flachen Hand, dem Berühren von Baumstämmen mit verbundenen Augen, dem Streicheln von zarter Kinderhaut bis hin zum Fell Ihres Hundes. Sie können Meeressand durch Ihre Finger gleiten lassen, Brotteig kneten oder Ton formen.

Wichtig ist es jedoch, sich die Berührungen des täglichen Lebens bewusst zu machen. Sie erfahren den Tastsinn, wenn Sie im alltäglichen Leben immer wieder darauf achten, wie sich die Dinge, mit denen Sie zu tun haben, anfühlen. Es sind nur Sekunden notwendig, um Dinge bewusst zu ertasten:

- ❀ Ihre Haut am Morgen, wenn Sie vielleicht etwas frieren, oder Ihre Haut, wenn Sie in der Sonne liegen, nach dem Baden usw.
- ❀ das Handtuch, mit dem Sie sich abtrocknen
- ❀ Ihren Bademantel
- ❀ Ihre Haare
- ❀ die Form und das Material der Kaffeekanne
- ❀ das Holz Ihres Tisches
- ❀ die Form eines schönen Steines oder einer schönen Plastik, an der Sie vorbeikommen etc.

Halten Sie Ihre Augen offen und Ausschau nach Dingen, die Sie anfassen können. Sie werden die unterschiedlichen Qualitäten immer bewusster wahrnehmen, die Härte oder Weichheit, die Temperatur, die Glätte oder Rauheit. Ihr Gedächtnis wird die Eindrücke des Tastsinns speichern. Wechseln Sie die Art der Berührung, indem Sie nur die Fingerspitzen benutzen oder die ganze Handfläche.

Auch Ihre Füße eigenen sich gut, um Ihren Tastsinn zu schulen. Laufen Sie, sooft Sie können, barfuß! Spüren Sie den warmem Meeressand unter Ihren Fußsohlen oder die spitzen Steine auf einem Kiesweg beim Baden. Gehen Sie barfuß durch einen Bach, durch Schlamm, über weiches Moos, das Laub des Waldes, oder machen Sie eine Wattwanderung. Tautreten am frühen Morgen auf einer Wiese bringt genauso Wärme und Energie wie ein kurzer Barfuß-Lauf durch den Schnee.

Wann haben Sie das letzte Mal nackt im Regen gestanden? Ich kann Ihnen versichern, es ist eine unendliche Wohltat, den ganzen Körper einem warmen Sommerregen auszusetzen!

Sie werden merken, dass es unendlich viele Möglichkeiten gibt, unser größtes Tastorgan, die Haut, zu sensibilisieren. Wir haben es in der Hetze des Alltags häufig vergessen, wie belebend diese Sinneserfahrungen sein können.

Massage

Von besonderer Qualität zur Verfeinerung des Tastsinns ist eine meditative, ganzheitliche Massage. Sie ist geprägt von körperlicher Nähe und eventuell auch von heilender, zärtlicher Berührung oder erotischer Sinnlichkeit. Berührung ist das zentrale Grund- und Wachstumsprinzip menschlichen Daseins vom Moment der Zeugung bis zum Tod. Durch Berührung verändert sich der Mensch genauso, wie er das, was er berührt, verändert. Achtsamkeit und Respekt sollten in jede Berührung einfließen. *Sobald eine Hand auf dir ruht, geschieht augenblicklich Veränderung. Du atmest anders, spürst dich deutlich, sinkst in dich hinein.*

Lassen Sie sich beeindrucken von der Wärme und Beschaffenheit der Haut, die Sie massieren. Spüren Sie die Lebendigkeit, die Weichheit oder Verspannung, die sich in der Berührung offenbart, sei es durch Streichen, Ruhen oder Druckbewegungen Ihrer Hände. Jeder Mensch, der einfühlsame Hände hat, kann eine Massage geben. Partner können hierbei eine neue Ebene der Körperlichkeit entdecken, wobei die Grenze zwischen einer Wohlfühlmassage und einer zärtlichen, erotischen Massage fließend sein kann.

Kinder entwickeln sich besser, je mehr sie berührt werden. Freunde zu massieren, ist eine Möglichkeit, mehr voneinander zu erfahren und sich etwas Gutes zu schenken. Durch die Massage eines alten Menschen berühren Sie dessen Persönlichkeit und tragen dem Bedürfnis nach Nähe und Berührung, das im Alter zumeist wenig befriedigt wird, Rechnung.

In eine Massage sind viele andere Sinne einbezogen. Finden Sie selbst heraus, wie sehr Sie in die Welt der Sinnlichkeit während einer Massage eintauchen können. Benutzen Sie reine, naturbelassene Öle wie Jojoba, Weizenkeim- oder Sesamöl. Und setzen Sie diesen Trägerölen reine ätherische Duftöle zu.

Bäder

Das Erlebnis des Umhüllt-Seins von duftendem Badewasser ist ein Hochgenuss sinnlicher Erfahrung. Die Wärme öffnet Ihre Poren und lässt die Essenzen in den Lymph- und Blutkreislauf eindringen. Benutzen Sie Massage-Handschuhe, um Ihren ganzen Körper unter Wasser abzureiben, und spüren Sie das Kribbeln der Haut, den an die Oberfläche drängenden Blutstrom. – Bäder in Whirlpools, die es heute in den meisten öffentlichen Schwimmbädern gibt, entspannen und beleben auf eine andere, intensive Art und Weise.

Beim Schwimmen können Sie Ihren Gleichgewichtssinn, Ihren Bewegungssinn und Ihren Ichsinn wahrnehmen. Lassen Sie sich vom Wasser tragen, indem Sie wie als Kind »toter Mann« spielen, und erleben Sie dabei das Gefühl des Getragenseins und der Leichtigkeit. Kosten Sie jede Schwimmbewegung aus, indem Sie sich wirklich beim Ausatmen während des Brustschwimmens jedes Mal ganz strecken, von den Finger- bis zu den Fußspitzen. Und nehmen Sie dann den Schub dieser Bewegung wahr, das Strömen des Wassers am ganzen Körper, den Auftrieb und den Widerstand an Händen und Beinen bei der nächsten Schwimmbewegung.

Energiefluss spüren

Jede Materie ist eine Form von Energie. Indem Sie Ihre Sinne schulen, können Sie lernen, die Energieströme der Materie zu erfühlen. Besonders leicht geht das bei Berührung von Dingen, die leben.

Beginnen Sie damit, die Wärmeabstrahlung zu erspüren. Wenn Sie Ihre Hände auf verschiedene Bereiche des Körpers eines Menschen legen, werden Sie feststellen, dass es dort erhebliche Temperaturunterschiede gibt.

Der nächste Schritt ist, das Strömen, das Fließen oder auch den Stau von Energie zu erfühlen. Jede Berührung eines lebenden Wesens verändert diesen Zustand. Wenn Sie ganz entspannt sind und für eine behagliche, harmonische Atmosphäre gesorgt haben, wird es Ihnen von Mal zu Mal leichter fallen, die feinen Energien wahrzunehmen.

Auch Ihr Körper ist eine Manifestation von Energie, die in ständigem Austausch mit der Sie umgebenden Energie steht. Je mehr Sie zur Ruhe kommen und Ihre Sinnlichkeit schulen, desto bewusster können Sie diese Energie wahrnehmen und beeinflussen.

45

Intensives Lauschen auf Ihren Atem verbunden mit der Vorstellung beglückender Situationen harmonisiert Ihre Energieströme und hebt Ihren Energielevel.

Sie können Ihre Aufmerksamkeit auch auf Blockaden richten, indem Sie Ihren Atem in Ihrer Vorstellung dort hinlenken. Nach einer Weile werden Sie feststellen, dass sich die Blockade löst. Das Auflegen der Hände auf diese Stelle unterstützt den Energiefluss, denn die Energie geht immer dorthin, wohin sich die Aufmerksamkeit richtet.

Wenn wir einem kranken oder traurigen Kind die Hand auf die Stirn legen, tun wir nichts anderes, als blockierte Energie zum Fließen zu bringen und damit Wohlgefühl auszulösen. Versuchen Sie das auch einmal bei einem Ihnen nahe stehenden Menschen!

Energie fließt immer und überall. In vielen Menschen ist das Potenzial großer Sensibilität für das Erfühlen der Energie vorhanden und kann entwickelt werden. Achtsamkeit im Sinne von »reinem Beobachten« ohne Einwirkung, Absicht oder Urteil ist der erste Schritt, den Energiefluss zu spüren.

Fazit

Die Ausbildung unserer Sinne und damit unserer Sinnlichkeit versetzt uns erst in die Lage, wirklich sozial zu handeln. Denn einer sozialen Handlung muss immer ein tiefes Verstehen vorausgehen, ein Erfassen des Sinns, den eine Handlung haben soll. Dieses Sinnerfassen ist nur möglich, wenn wir Sinnlichkeit zulassen. Ich behaupte also: *Sinn und Sinnlichkeit bedingen einander. – Sinn mit Sinnlichkeit macht Sinn.*

Durch die Aktivität Ihrer Sinne erleben Sie sich selbst und erleben auch Ihre Umwelt, so wie das kleine Kind nur durch Einsatz all seiner Sinne lernt, sich in der Welt zurechtzufinden und Gefahren sowie Nützliches zu erkennen. Später treten dann mehr die Erfahrungen in den Vordergrund. Je mehr Sinneserfahrungen ein Mensch gemacht hat, desto differenzierter wird sein Urteilsvermögen sein.

Unsere Sinne sind die Pforten zur Welt.

Sinn und Lebensglück

Der Mensch hat genug, »wovon« er leben,
aber zu wenig, »wofür« er leben kann.
Findet der Mensch auf seine Frage »wozu«
in einer konkreten Situation keine Antwort,
so kann er an Sinnmangel erkranken.
Sinnmangel wirkt sich auf den ganzen
Menschen aus: auf Körper, Seele und Geist.
(Viktor E. Frankl)

Frankl, der Begründer der Logotherapie, spricht hier von existenzieller Frustration. Der frustrierte Mensch wird kraftlos, matt, unzufrieden, versteht sich und andere nicht, beklagt einen Mangel an Interessen und Initiativen, ist ratlos, ängstlich, niedergeschlagen, abwehrend, denkt häufig negativ und hat wenig Hoffnung auf Veränderung. Er fühlt sich oft leer, ausgelaugt, unsicher, sein Welt- und Werteverständnis ist eingeschränkt. Er lebt wie in einem Vakuum. Meistens bricht die damit einhergehende Sinnfrage in Übergangssituationen und -zeiten auf.

Übergangszeiten sind Zeiten, in denen Konflikte und Krisen das Leben beeinträchtigen – z. B. Partnerwechsel, Trennung, Abschied, Tod, Berufswechsel, Arbeitslosigkeit, Pubertät, Wechseljahre usw. Aber auch in Zeiten, in denen das Leben so dahinplätschert, es uns eigentlich an nichts zu fehlen scheint, geraten wir manchmal plötzlich in dieses Vakuum.

Die meisten Menschen der westlichen Welt leben in einem Sicherheits- und Anspruchsdenken, das mehr und mehr von medial vermittelten Wert- und Wunschvorstellungen beeinflusst wird. Niemand will auf seine Bedürfnisbefriedigung verzichten. Wie gut es uns geht, wird nicht mehr gewürdigt. Beziehungslosigkeit ist häufig die Folge.

Nur der Mensch ist fähig, nach einem Lebenssinn zu suchen, da nur der Mensch sich seiner selbst bewusst ist. Das unterscheidet uns Menschen von allen anderen Wesen. Die meisten Menschen finden ihren Lebenssinn aber nur dadurch, dass sie sich und ihr Leben einer tieferen Dimension gegenüber öffnen. Ich will das erklären:

Zumindest bei gläubigen Menschen ist diese tiefere Dimension die Gewissheit, dass wir uns bei allem, was wir leben und erleben, bei allem, was wir tun, im Grunde unserer Seele auf etwas verlassen, das außerhalb von uns selbst liegt.

Nur Demut, aus der heraus wir uns, wie der Theologe und Philosoph Hans Küng sagt, dieser tieferen Dimension hin öffnen können, dessen Quelle wir nicht selber sind – nur aus dieser Demut heraus können wir Vertrauen schöpfen, einen möglichen Sinn erkennen und verwirklichen, und zwar durch unser Bemühen, uns mit jedem Hindernis, jedem Problem, jeder Herausforderung kreativ auseinander zu setzen und uns darauf einzulassen.

Es ist eine Art von Urvertrauen, getragen, geleitet und zu einem umgreifenden Sinn unseres Lebens, den es zu verwirklichen gilt, geführt zu werden. Nennen Sie diese Quelle »Gott«, »Kraft des Universums« oder wie immer Sie wollen. Ich denke, Sie wissen, was ich damit meine.

Selbst wenn Sie sich selbst nicht zu den gläubigen Menschen zählen, werden Sie an etwas glauben. Nämlich daran, dass es keine universelle Führung, keinen Gott gibt. Vielleicht daran, dass alles nur Zufall ist, oder daran, dass Sie selbst es sind, der einzig und allein Ihr Schicksal bestimmt, oder daran, dass es keinen Sinn gibt. Eins jedoch gilt für uns alle: Es sind immer unsere Einstellungswerte, die unserem Leben Sinn geben oder es sinnlos erscheinen lassen.

Selbstverständlich geht es nicht in jedem Moment um die Frage nach dem Sinn des Lebens an sich, sondern mehr um den Sinn in einer speziellen Lebenssituation. Immer stehen wir, da menschliches Leben entscheidendes und wagendes Leben ist, an einer Kreuzung:

Wir haben die Freiheit und die Pflicht, zu entscheiden, in welche Richtung wir gehen. Und wir müssen die Verantwortung für unsere Entscheidung übernehmen. Sinn muss gefunden werden, und zwar in jeder Situation.

Sinnvolles Leben ist die Antwort auf die Frage, wie ich mich in jeder Situation mit meinem ganzen mir zur Verfügung stehenden Potenzial – meinem Wollen, Fühlen und Denken – einbringen kann:

❂ Wie kann ich mich kreativ einsetzen im Respekt vor meinen Grenzen sowie in der Auseinandersetzung mit meinen Spielräumen, meinen Änderungsmöglichkeiten, für die ich frei bin, in denen ich Werte erkenne, nach denen ich (sinnvoll) handeln kann?

❀ Wie kann ich das Bestmögliche aus einer Situation, aus den Umständen, dem Schicksal machen?

In Bezug auf eine Krankheit ist es z. B. eigentlich nicht so wichtig, woran ein Mensch leidet, sondern vielmehr, ob und wie er die Krankheit annimmt, oder ob er sich ihr entzieht, sie abgeben will – beim Arzt, im Krankenhaus. Wichtig ist, welche Antwort der Mensch auf die Krankheit gibt, wie viel Verantwortung – darin liegt das Wort »Antwort« – er bereit ist zu übernehmen, wie er sein Leid erträgt und wofür, welche Werte ihm trotz des Leidens das Leben lebenswert macht – und dadurch dennoch sein Leben gelingen lassen.

> *Überleben kann nur, wer um einen Sinn weiß, den er in Zukunft zu verwirklichen und zu erfüllen hat.*
> (Viktor E. Frankl)

Das Wort »Überleben« hat Frankl an dieser Stelle sicher aus seiner Situation im Konzentrationslager gebraucht, wo es wirklich nur noch ums Überleben ging, wo von Leben eigentlich gar nicht mehr gesprochen werden konnte. Dennoch greife ich dieses Zitat auf und behaupte, dass nur *der* Mensch gesund bleiben und leben kann, der immer wieder den Willen zum Sinn entwickelt und verwirklicht. Das heißt, derjenige kann subjektiv gesund bleiben, der bewusst mit sich selbst umgeht, also mit seinem Körper, seiner Seele, seinem Geist, aber auch mit den ihn umgebenden Menschen – also in seinen sozialen Beziehungen – und mit der ihn umgebenden Natur.

Es geht im Leben für jeden einzelnen Menschen darum, seine Einmaligkeit zu entfalten, zu werden, wer er ist, und vor allem darum, zu werden, wer er werden könnte – Scheitern und Irrwege eingeschlossen, Unterlassungen ebenso.

Es geht, wenn wir gesund bleiben wollen, darum, den Aufruf des Lebens an uns zu vernehmen und dann mit allem Mut und aller Angst, die dieser Entscheidung innewohnt, zu entscheiden, ob es für uns Sinn macht, diesem Aufruf zu folgen, oder ob es einen anderen Sinn gibt, der in dem Moment stärker ist, mehr Gewicht hat – sinnvoller erscheint. Dabei ist es gar nicht so leicht, zwischen Bequemlichkeit und Angst vor dem Ungewissen, zwischen wahrer Verantwortung und vorgeschobenen Pflichten, zwischen Neugier und Abenteuerlust, zwischen Liebe und Machtstreben zu unterscheiden.

Das Glück des sinnerfüllten Lebens hängt immer von unseren Werten ab. Und Werte sind immer an Erwartungen gebunden. Menschen geben allen Ereignissen durch ihre Erwartungen eine Bedeutung. Sie fühlen, ob sie etwas für eine oder gar für *die* Wahrheit halten, und verkennen, dass es keine absolute Wahrheit auf dieser Erde gibt. In unserem Ziel, glücklich zu sein, ist immer der Wunsch enthalten, das Leben schön und sinnvoll zu finden. Manchem mag der Sinn, das Leben zu genießen und Spaß zu haben, genügen. Ein Garant für Glücksgefühle ist jedoch die Liebe.

Dort in dir geschieht das Unerhörte,
das menschliche Abenteuer
... und bis in deine Dunkelheit hinein
entzündet sich ein Feuer, das nie lischt.
(Hugo Lassalle)

Liebe ist immer sinnvoll und unerschöpflich vermehrbar, und Liebe kann manchmal auch die sinnliche Erfahrung des Schmerzes, des Leidens in sich tragen. Voraussetzung ist, dass »in uns ein Feuer brennt«.

Dieses Feuer erfüllt uns mit Sinn. Es zu erspüren, ist eine sinnliche Erfahrung. Alles, was wir aus einem »in uns brennenden Feuer« nähren und tun, kann uns transzendieren und über uns selbst hinauswachsen lassen, um einen Sinn, der uns für unser Leben am Horizont aufleuchtet, zu verwirklichen.

Je bewusster wir uns dieser Aufgabe stellen, den Willen zum Sinn entwickeln und mit der uns innewohnenden Sinnlichkeit verbinden, desto gesünder sind wir – schon deshalb, weil wir umso menschlicher werden, je mehr wir uns bewusst »hingeben« können – mit allen Sinnen. Verantwortung, Pflicht und Leid gehen manchmal mit diesem Prozess einher. Aber wir können dazu eine bestimmte Einstellung entwickeln und stärker werden im Ertragen von Leid. Je mehr wir »wirklich« Mensch sind, desto leichter wird uns das fallen. Schmerz, Leid und Angst verlieren so ihre Macht.

Es geht also beim Glück des sinnerfüllten Lebens in erster Linie um Einstellungswerte.

Nach Frankl gibt es drei **Werte-Kategorien**. Sinn zu erfüllen heißt in diesem Zusammenhang, Werte zu verwirklichen. Das sind:

1. Produktiv-Werte (schöpferisches Tun gepaart mit Sinnlichkeit)
2. Erlebniswerte (»Seelennahrung«, Sinnlichkeit)
3. Geistige Werte als Kraftquelle für die Erlebnis- und Produktiv-Werte

Wir selbst entscheiden über die Wertigkeit dieser einzelnen Wertkategorien für uns. Wirklich gesund, wirklich »ganz« können wir nur sein oder werden, wenn wir allen dreien Raum geben. Sinn erfüllen heißt also, Werte zu verwirklichen. Sinnlichkeit stellt im Zusammenhang der Werte ein großes Energiepotenzial dar: **Leben mit allen Sinnen ist eine unerschöpfliche Energiequelle.**

Durch Erlebniswerte die Seele nähren

Die Erlebniswerte nähren in erster Linie unsere Seele und unseren Geist. Wir nehmen wahr, erkennen, verstehen und nehmen auf, erfahren Freude oder Leid, genießen. Erlebnisse machen Sinn, indem sie von außen nach innen wirken. Dabei geht es nicht darum, ganz ohne Anstrengung noch mehr zu erleben, sondern darum, auch die eigene Kraft zur »Entstehung« von Erlebnissen einzusetzen. Sie kennen vielleicht den Unterschied zwischen dem Gefühl, einen Berg mit der Seilbahn hinaufgefahren zu sein und dann am Gipfel zu stehen, und dem Gefühl, diesen Berg erklommen zu haben.

Spielzeugfreie Kindergärten, eine noch junge Initiative in Berlin, sind ein anderes Beispiel dafür, dass Erlebniswerte auch etwas mit innerer Aktivität zu tun haben, einer Aktivität, die Sinnlichkeit und schöpferischer Fantasie entspringt. Kinder in diesen Kindergärten sind erheblich ruhiger und zufriedener, aber in gewisser Weise auch lebendiger, da sie mit den ihnen zur Verfügung gestellten Materialien »eigenes Spielzeug« herstellen und damit spielen. Sie erleben mehr als mit vorgefertigten Spielsachen: Ihre schöpferische Fantasie ist hier angesprochen, ihre Sinnlichkeit.

Im Grunde kommt es nicht so sehr auf den Inhalt eines Erlebnisses an als vielmehr darauf, sich aktiv der Welt zuzuwenden. Es geht um die Fähigkeit, sich selbst in Hingabe an etwas vergessen zu können, seine Einseitigkeit – die wir alle auf irgendeinem Gebiet haben – ein Stück weit aufzugeben, um persönlich wachsen zu können. Und persönliches Wachstum ermöglicht, dass Gefühl und Verstand, Sinn und Sinnlichkeit sich differenzieren und erweitern, dass unsere Kreativität und Fantasie sich entfalten können. Damit erfahren wir das Glück eines sinnerfüllten Lebens.

Erlebniswerte verwirklichen wir, indem wir uns ganz einem Erleben hingeben. Das kann der Genuss von Musik genauso sein wie das Betrachten eines Kunstwerks oder der Natur, das Erleben der eigenen Bewegung beim Sport, der Genuss eines guten Essens oder das bewusste Wahrnehmen von Nichtstun und Muße. Erlebnisse können wir haben, wenn wir uns ganz in eine tief gehende Meditation versenken, wenn wir uns von einem anderen Menschen bei einer Massage berühren lassen, in sexueller Vereinigung oder auch »nur« in einer erotischen, liebenden Hinwendung.

Wir haben Erlebniswerte, wenn wir fremde Länder und Kulturen kennen lernen, wenn wir wandern, reisen oder uns ein Theaterstück anschauen. Je mehr Sinne durch Erlebnisse angesprochen werden, desto intensiver und beglückender werden diese Erlebnisse sein. Bei negativen Erlebnissen entscheiden wir, ob wir daran haften bleiben oder ob wir unsere Aufmerksamkeit auf etwas anderes, etwas Schönes richten.

Den Biografien von großen Physikern z. B. ist zu entnehmen, dass ihnen die wichtigsten Erkenntnisse gekommen sind, als sie miteinander in den Schweizer Alpen waren, umgeben von der unberührten Natur der Bergwelt, wo sie ihren Blick zum Himmel emporheben konnten. Dieses Erlebnis der unendlichen Schönheit und Weite hat sie inspiriert und ihnen Kraft für ihre Arbeit gegeben. *Wer den Blick zum Himmel hebt, sieht keine Grenzen.*

Auch wenn wir uns eine Umgebung schaffen, die unserer Sinnlichkeit Rechnung trägt, kann diese Umgebung eine Quelle für Inspiration und Kreativität werden. So kann unsere Wohnung einen Erlebniswert haben, der durch nichts zu ersetzen ist. Hier finden Liebe, Erotik und Partnerschaft statt. Hier leben wir unser ganz privates und intimes Leben, hier empfangen wir Gäste und treten in Beziehung zu Menschen. Unsere Wohnung sollte der zentrale Bereich des menschlichen Zusammenlebens sein, in dem wir uns emotional auf Menschen einlassen können. Hier können wir Glück erleben. Das setzt jedoch voraus, dass in unserer Wohnung Harmonie herrscht: Harmonie der Farben, der Gerüche und der Energien. Das jahrtausendealte Wissen der Chinesen kennt diese Bedingungen für Glück und Zufriedenheit. Dieses Wissen hat heute wieder Hochkonjunktur und wird durch Feng-Shui-Berater vermittelt. Feng-Shui bedeutet übersetzt »Wind und Wasser« und ist die Lehre vom Fluss der Lebensenergie (Chi) durch Wohnungen, Häuser und Städte. Das gestiegene Interesse an dieser Lehre mag daran liegen, dass Feng-Shui sich ganz der Sinnlichkeit zuwendet. Und Sinnlichkeit kommt in der heutigen Schnelllebigkeit meistens zu kurz. Wenn Sie sich mit Feng-Shui beschäftigen, können Sie erfahren, welchen Erlebniswert einzelne Räume haben sollten, damit Sie dort z. B. ruhig und erholsam schlafen, kreativ arbeiten oder sich genussvoll Ihrem Liebesleben hingeben können. Es erfordert eine gewisse Sensibilität, um ein schlecht verteiltes Chi wahrzunehmen. Eine sichere, gut ausgebildete Intuition, die sich – wie schon erwähnt – einstellt, wenn Sie Ihre Sinne schulen und somit verfeinern, lässt Sie jedoch ungesunde Energieausstrahlungen oder -verteilungen sofort erspüren.

Machen Sie Ihre Wohnung zu einem Ort, an dem Sie sich geborgen und sicher fühlen, an dem Sie auftanken und Kraft schöpfen, wo Sie erotisches Wohlbefinden erleben können.

Machen Sie Ihre Wohnung zu einem Feld für Erlebniswerte!

Das gilt – nur in anderer Weise – natürlich auch für Ihren Arbeitsplatz. Seien Sie gespannt auf die Veränderungen, die Sie erleben werden!

Verändere 27 Dinge in deiner Wohnung, wenn du dein Leben verändern willst!
(Chinesisches Sprichwort)

Sinn durch schöpferisches Tun

Die Wahrheit eines Menschen wird glaubwürdig mit den kleinen Taten seiner Endlichkeit.
(Verfasser unbekannt)

Die schöpferischen Werte sind produktive Werte und haben mit dem zu tun, was wir tun, was wir schaffen und er-schaffen. Wir bereichern eine Situation, indem wir sie aktiv gestalten, eine Idee einbringen, eine Entscheidung treffen, d. h., etwas, eine Beziehung, ein Kunstwerk, irgendeine Arbeit verwirklichen oder unterstützen. Wir wirken, indem wir schöpferisch tätig sind, von innen nach außen, also in die Welt hinein.

Jeder Mensch, der in irgendeiner Weise im Arbeitsprozess steht, hat Gelegenheit, Sinn durch sein Tun zu erfahren. Menschen, die etwas herstellen – Handwerker oder Künstler – erfahren diesen Wert sicher leichter als Menschen, die ihre Arbeitskraft in immaterielle Dinge stecken. Wir leben mehr und mehr in einer Welt der Dienstleistungen. Dadurch bleibt uns oft nach einem anstrengenden, arbeitsreichen Tag ein Gefühl der inneren Leere, des Unausgefülltseins. Das unmittelbare Erlebnis, etwas geschafft oder gar erschaffen zu haben, fehlt.

Dennoch gehört es auch zum schöpferischen Tun, Kinder zu unterrichten, eine Wohnung zu säubern, jemandem einen Dienst zu erweisen – seien es Besorgungen zu machen oder das Abschleppen seines defekten Autos –, einen Kranken zu beraten oder zu therapieren, eine Idee in die Welt zu setzen, jemanden für etwas zu begeistern oder die Buchhaltung in Ordnung zu bringen. Es ist hier eine Frage des Bewusstseins, sich zu vergegenwärtigen, dass all diese Tätigkeiten eine Wirklichkeit schaffen, die vorher anders aussah.

Schönheit ist ein Lebensmittel, ohne das wir sinnlich-emotional unterernährt bleiben. Schönheit ist Baustoff für die Zukunft.
(aus den Toblacher Thesen von 1998)

Trotzdem hat der Wert des schöpferischen Tuns in der Vorstellung der meisten Menschen mit dem Erschaffen von Schönem zu tun.

Wenn wir uns mit schönen Gegenständen befassen oder diese gar herstellen, so fördert das emotionale Bindungen und intensiviert die Freude am Leben. Ohne eine differenziert ausgebildete Sinnlichkeit ist das unmöglich. Wir können nur überzeugend sein, wenn wir unsere Sinne für das Schöne geschärft haben und diese »Kunst« weitergeben.

Durch die Sinnfindung im Arbeitsprozess und möglichst auch durch die Entfaltung der individuellen Fähigkeiten in der Arbeit verstehen wir Lebenszusammenhänge auf neue, oder aber auf eine »in ein neues Bewusstsein gehobene« Art und Weise. Es gelten dann nicht nur Menge, Produktivität, Arbeitszeit und Wachstum, sondern eben auch die Verwirklichung von Sinn und Sinnlichkeit und damit von Schönheit in Verbindung mit Zweckmäßigkeit. Dadurch gewinnen wir mehr Freude an der Arbeit, mehr Lebensqualität und Lebenslust, mehr Kreativität, mehr Sinnlichkeit und mehr Begeisterung. Wir stellen damit auch bessere Produkte her, die wiederum durch mehr Genuss unsere Sinnlichkeit befriedigen.

Glück durch Einstellungswerte

Einstellungswerte, um nur einige zu nennen, sind Dankbarkeit, Offenheit, Mut, die Möglichkeit, zu verzeihen, die Konfliktfähigkeit genauso wie die Versöhnungsbereitschaft. Sie helfen uns, mit Situationen umzugehen, in denen die schöpferischen Werte und die Erlebniswerte eingeschränkt sind. Sie betreffen unsere innere Haltung besonders in Situationen, in denen es uns schwer fällt, noch Sinn zu entdecken, z. B. schwere Schicksalsschläge, Krankheit, Verluste, Tod des Partners usw.

Einstellungswerte entscheiden darüber, ob ich mich meinem Schicksal stelle, wie ich es auf mich nehme, ob ich versuche, mich ihm zu entziehen, es zu verdrängen oder ob ich mich gar in die Sucht flüchte.

Probleme sind lediglich die Pole, zwischen denen sich die fürs Leben nötige Spannung erzeugt.
(Hermann Hesse)

Wir müssen uns immer wieder fragen, welchen Sinn unsere Entscheidungen haben.

Manchmal macht es Sinn, im Geben aufzugehen, manchmal im Nehmen. Mitunter mag es Sinn machen, die eigene Macht zu spüren, ein anderes Mal, unsere Lust zu leben, womit wir dann vielleicht auch einem anderen Menschen Lust verschaffen.

Der Sinn liegt immer in dem persönlichen Verdienst, den wir erwerben. Dieser liegt darin, wie wir, ob wir und wofür wir die Verantwortung übernehmen oder – anders gesagt – wie wir auf das Leben antworten, auf die Fragen, die das Leben an uns stellt. Deshalb müssen wir auch unsere Sinne für das Schöne und Nachhaltige schärfen. Weniger ist oft mehr.

Wenn wir uns einmal bewusst machen, dass wir oft das Negative nur wahrnehmen, weil wir das Schöne erreichen wollen, dann wird klar, dass unsere Einstellungen und unsere Erwartungen unsere Sichtweise bestimmen. Wir erleben immer *die* Gefühle, auf die wir unsere Aufmerksamkeit richten. Einige Grundprobleme des Menschen und seine Erwartungen spielen dabei eine besondere Rolle. Wir glauben oft, eine große Anzahl von Bedingungen müssten erfüllt sein, damit wir glücklich sein können. Ist das nicht der Fall, sind wir unglücklich. Dieses Unglücklichsein entspringt unseren Wertvorstellungen. Die könnten z. B. so lauten:

»Das Leben muss sicher sein.« – »Allen Menschen muss es gut gehen.« – »Ich kann nur glücklich sein, wenn ich einen Partner habe.« – »Harmonie ist das Wichtigste in meinem Leben.« – »Ich will es allen recht machen.« – »Ich will frei sein.« – »Alle sollen mich mögen.« usw.

Was wir bei all diesen Wertvorstellungen vergessen ist, dass wir uns im Grunde gut fühlen wollen. Der Mensch ist ein nach Lust strebendes Wesen. Wie aber kann das gelingen, wenn wir unsere Aufmerksamkeit immer auf das richten, was uns fehlt, also immer im Bewusstsein eines Mangels leben? Mit diesem Focus gestalten viele Menschen ihre Realität. Nehmen wir einmal als Beispiel den Wunsch nach Freiheit:

Die meisten Menschen wollen unbedingt frei *von* etwas sein. Wenn man sie dann fragt, wozu sie denn eigentlich frei sein wollen, so fällt ihnen die Antwort meistens gar nicht so leicht. »Um zu tun, was ich will«, heißt es dann häufig. Und warum will ein Mensch tun können, was er will? Ich bin sicher, weil er sich gut fühlen will mit dem, was er tut, weil er sein Potenzial einbringen und leben will, weil er das, was er tut, sinnvoll finden will. Aber ist in der arbeitsteiligen Welt, in der wir nun einmal leben, nicht beinahe jede Arbeit sinn-voll? Fast niemand baut mehr sein Essen selber an, erntet und verarbeitet es oder zieht das Tier, dessen Fleisch er verzehrt, selber auf, schlachtet und häutet es, nimmt es aus, zerlegt es dann und bereitet es zu. Ist deshalb in dieser Welt nicht das meiste, das durch – wie auch immer geartete – Arbeitsprozesse geleistet wird, sinnvoll? Was wären wir ohne unsere Müllmänner, Putz- und Toilettenfrauen und -männer, ohne unsere Automechaniker, Bauarbeiter und Lehrerinnen? Was ohne unsere Banker, Forscher und Wissenschaftlerinnen, ohne die Ärztinnen, Heiler und Krankenpfleger?

Wir sollten uns einmal fragen, woher unsere Wertvorstellungen kommen und ob sie mit unseren innersten Überzeugungen übereinstimmen. Wir müssen uns auch fragen, worauf unser Selbstbild beruht. Unser Selbst können wir nicht definieren, aber wir können es erfahren und erleben. Indem wir uns nach Innen wenden, werden wir mit unserem Selbst konfrontiert. Das erfordert die Ausbildung unserer Sinnlichkeit, unserer Intuition.

Manchmal geschieht das auch durch Schicksal oder Leid. Immer konfrontiert uns der Aufruf, uns nach innen zu wenden, mit unserem Sinn und fordert uns auf, unsere seelischen Kräfte zu bündeln und zu lenken. Sind wir bereit, im Strudel unserer Gedanken nur jene festzuhalten, die unser Tun bestimmen dürfen? Sind wir bereit, alle anderen wie Machtstreben, Angst und Kampfgedanken vorbeiziehen zu lassen und uns nur den gewollten, sinnvollen Gedanken hinzugeben? Ich meine damit nicht, immer sanft und »heilig« sein zu wollen. Es kann durchaus manchmal sinnvoll sein, das Niedere in den Dienst des Höheren zu stellen, z. B. Aggression in den Dienst der Liebe. Auch meine ich nicht, immer »todernst« sein zu müssen. Ausgelassenheit und kindliche Albernheit sind durchaus als Teil unserer Lebensfreude not-wendig: Sie wenden Not. Auch Genuss gehört dazu. Denn allein die Natur z. B. bietet sich uns geradezu zum Genießen an: Sonne, Regen, Wind und Wasser, Wiesen, Wälder, Ebenen, Hügel, Berge und Seen, Bäche, Flüsse mit ihren Auen und das Meer in seiner ganzen Vielfältigkeit.

Menschen können einander genießen, ihre Zärtlichkeit genauso wie ihre Lust, ihren Humor, die Spontaneität, Fürsorglichkeit, Wärme, Geduld, Begeisterungsfähigkeit, die Intelligenz u. v. m. Auch darin liegt dann Sinn.

Die Frage ist, inwieweit wir einen Sinn für die Relativität allen Seins entwickeln können? Das Relative absolut zu setzen bedeutet, den Geist zu vergiften. Und vieles stellt sich als relativ heraus, wenn wir es aus verschiedenen Perspektiven betrachten. Es kommt letztendlich immer auf unsere innere Haltung an.

Deshalb ist es auch besonders wichtig, darauf zu schauen, was uns wirklich Freude macht, was uns zutiefst befriedigt und glücklich macht. Dabei geht es nicht um kurzfristige Lustbefriedigung, nicht um Zudecken von Leid, Trauer und Schmerz. Wir können Glück sowieso nur empfinden, weil wir das Gegenteil kennen. Alles ist in uns. Durch die Fähigkeit unseres Geistes, durch unsere Einstellungen entscheiden wir, worauf wir unsere Aufmerksamkeit richten, was wir zulassen, was wir ablehnen und was wir nicht beachten wollen.

Unser Geist kann so zum Lenker unseres Seins werden, wenn wir ihm die Tür zu unserem Inneren öffnen. Und unser Inneres strebt immer nach Glück. Glück empfinden wir am intensivsten, wenn wir das, was wir erleben oder tun, lieben können.

Alles lebt aus der Beachtung und hört auf zu sein durch Nichtbeachtung.
(Verfasser unbekannt)

Selbst ein Mensch, der es kategorisch ablehnt, einen Lebenssinn anzuerkennen, wird, wenn er nicht zutiefst depressiv ist, leben wollen. Wenn er also gar keinen Sinn in seinem Leben finden kann, so hat das

Leben dennoch für ihn zumindest den Sinn, gelebt zu werden. Es liegt also an seiner Einstellung, das Leben zu lieben, es anzunehmen, so wie es ist, und derart zu gestalten, dass er sich gut dabei fühlt. Sich gut zu fühlen ist aber nur möglich, wenn wir unsere Aufmerksamkeit auf dieses gute Gefühl, das wir alle kennen, an das wir uns zumindest alle erinnern können, lenken. Damit begeben wir uns in eine positive Energie, die von uns ausstrahlt und uns viele schöne Wege eröffnen kann.

Ein Glücksgefühl, d. h. eine Übereinstimmung von Fühlen, Wollen und Denken – auch Flow genannt –, stellt sich nur ein, wenn wir als »ganze« Menschen in etwas, das wir tun oder erleben, aufgehen. Nur dann erleben wir dieses Gefühl der Erfüllung. Auch der Verzicht, der bewusste, sinnvolle Verzicht bekommt unter diesem Aspekt eine positive Bedeutung.

Glück erleben wir also durch unsere Einstellung, dadurch, dass wir unsere Aufmerksamkeit auf das richten, was uns glücklich macht.

Erlebnis- und Einstellungsübungen

Eines der schönsten Beispiele, das ich in Bezug auf Einstellungen finden konnte, ist eine Inschrift auf dem so genannten Stein der Jugend im Parco Giardino Sigurta bei Verona. Hier geht es um die Einstellung zum Alter:

Die Jugend ist nicht ein Abschnitt des Lebens, sie ist ein Zustand der Seele, der in einer bestimmten Form des Willens besteht, in einer Bereitschaft zur Fantasie, in einer gefühlsmäßigen Kraft; im Überwiegen des Mutes über die Zaghaftigkeit und der Abenteuerlust über die Liebe zur Bequemlichkeit. Man wird nicht alt wegen der einfachen Tatsache, dass man eine bestimmte Zahl von Jahren gelebt hat, sondern nur, wenn man sein eigenes Ideal aufgibt.

Wir können uns nicht für etwas begeistern, ohne in innere Bewegung zu geraten. Begeisterung ist eines der verjüngendsten Elemente, die es gibt. Alt sind wir erst in dem Moment, wenn wir nichts mehr lernen wollen. Und Lernen z. B. sollte immer mit Begeisterung zu tun haben.

Lernen wir also zunächst, unsere Sinne durch Erlebnisse zu schulen. Dazu gehört ein bisschen Mut, der Mut, etwas auszuprobieren, der Mut, etwas einmal anders zu machen, der Mut, eine andere Blickrichtung zu wählen.

Nehmen wir zum Beispiel die Art und den Umgang mit unserer Familie oder mit Freunden. Viele Menschen sind bestrebt, die von ihnen geliebten Menschen immer zufrieden zu stellen. Es fällt ihnen extrem schwer, einmal nein zu sagen, weil sie z. B. Angst haben, dann nicht mehr anerkannt, nicht mehr geliebt oder nicht mehr gemocht zu werden. Geht es Ihnen auch manchmal so?

Dann versetzen Sie sich doch einmal in die Lage der anderen. Glauben Sie wirklich, dass all das, was Sie für diese Menschen tun, wirklich von Ihnen erwartet wird? Kann es nicht auch sein, dass Sie diesen Menschen damit im Grunde oft ein schlechtes Gewissen bereiten? Spüren Sie in einem solchen Moment doch einmal in sich hinein und versuchen, Ihre Intuition wahrzunehmen, ihre wahren Bedürfnisse und Gefühle zu erkennen. Und dann versuchen Sie, diese zu artikulieren. Sie werden erstaunt sein, wie viele neue Dinge geschehen. Möglicherweise können Sie die anderen für etwas begeistern, das Ihnen mehr Freude macht als das, was Sie glaubten, für die an-

Wenn die Jahre Spuren auf den Körper zeichnen, so zeichnet der Verzicht auf die Begeisterung sie auf die Seele. Der Abscheu, der Zweifel, das Fehlen von Sicherheit, die Furcht und das Misstrauen sind lange Jahre, die das Haupt beugen und den Geist zum Tode führen.

Jung sein bedeutet, mit sechzig oder siebzig Jahren die Liebe zum Wunderbaren bewahren, das Erstaunen für die leuchtenden Dinge und die strahlenaden Gedanken, den kühnen Glauben, den man den Ereignissen entgegenbringt, den unstillbaren Wunsch des Kindes für alles, was neu ist, den Sinn für die angenehme und fröhliche Seite des Daseins.

Ihr werdet so lange jung sein, wie euer Herz die Botschaft der Schönheit, der Kühnheit und des Mutes aufnehmen wird; die Botschaft der Größe und der Stärke, die euch von der Welt, von einem Menschen oder von der Unendlichkeit geschenkt werden.

Wenn alle Fasern eures Herzens gerissen sein werden, und wenn sich auf ihnen der Schnee des Pessimismus und das Eis des Zynismus gehäuft haben werden, erst dann werdet ihr alt sein, und dann möge Gott sich euer Seele erbarmen.

(Verfasser unbekannt)

deren tun zu müssen. Oder Sie spüren, dass Sie einfach mal Zeit für sich ganz alleine brauchen, um irgendetwas in Ruhe zu genießen und Kraft zu schöpfen. Mit dieser neuen Kraft können Sie dann Dinge verwirklichen, die Sie schon lange einmal tun wollten. Dinge, für die Sie sich wirklich begeistern und erwärmen können. Begeisterung ist immer mit Wärme verbunden. Der Mensch ist ein »Wärmewesen«. Wir können anderen nur wirklich Wärme geben, wenn wir unser Herz öffnen, wenn wir Dinge aus und mit Liebe tun, das heißt, wenn wir uns für etwas er-wärmen können. Wenn Sie allerdings immer »cool« bleiben, weil Sie glauben, nur funktionieren zu müssen, können Sie sich für nichts wirklich begeistern. Ihr Erlebnishorizont wird mehr und mehr eingeschränkt.

Ein Ausweg besteht darin, Routinen zu durchbrechen:

- Beginnen Sie Ihren Tag einmal anders, indem Sie statt mit dem Wecker mit einer beflügelnden Musik aufwachen.
- Gehen Sie rückwärts aus dem Bett.
- Öffnen Sie beim Aufwachen ein Duftfläschchen mit Vanille, Rose, Benzoe oder Rosengeranie – probieren Sie verschiedene Essenzen aus.
- Nehmen Sie (mit offenen Sinnen) einen neuen, anderen Weg zur Arbeit.
- Kaufen Sie in anderen als den gewohnten Geschäften ein.
- Speisen Sie in neuen Restaurants.
- Lesen Sie Bücher über unbekannte Fachgebiete.
- Probieren Sie eine neue Sportart aus.
- Nehmen Sie in Meetings, die immer in demselben Raum stattfinden, stets einen anderen Platz ein.
- Nehmen Sie statt ihrer gewohnten Hand mal die andere, um alltägliche Dinge auszuführen (Telefonieren, Türen öffnen, Tasche tragen etc.).
- Lächeln Sie fremde Menschen an.
- Kommen Sie mit Menschen ins Gespräch, die Ihnen nicht auf Anhieb sympathisch sind.
- Schenken Sie einem Obdachlosen einen größeren Geldbetrag.
- Bitten Sie selbst jemanden um ein Geschenk.

Gönnen Sie sich außerdem neue Sinneswahrnehmungen:

Wer sich die Kunst, seine eigene Polarität zu verwandeln, nicht erwirbt, ist unfähig, auf seine Umgebung eine Wirkung auszuüben.
(aus »Kybylion«)

- Hören Sie mindestens zehn Mal (an aufeinander folgenden Tagen) dasselbe Musikstück, indem Sie dabei die Augen schließen.
- Hören Sie dasselbe Stück dann, indem Sie dabei ein bestimmtes Bild betrachten.

❀ Sprechen Sie aus, was Sie fühlen, wenn Sie Ihren Partner streicheln oder von ihm gestreichelt werden. Benutzen Sie dabei Worte, die Ihnen normalerweise nicht so leicht über die Lippen kommen.

❀ Lieben Sie sich an ungewohnten Orten, vielleicht in der freien Natur. Riechen Sie dabei den Duft von frischem Gras oder warmer Erde.

❀ Riechen Sie immer erst an allem, was Sie essen.

❀ Lecken Sie mal Ihren Teller ab, wenn Ihnen die Soße besonders gut geschmeckt hat.

❀ Essen Sie mit verbundenen Augen.

❀ Lassen Sie sich mit geschlossenen Augen von Ihrem Partner füttern.

❀ Lutschen Sie eine Passionsfrucht aus.

❀ Essen Sie mal mit den Händen und schlecken dann Ihre Finger ab.

❀ Pflücken Sie eine ganze Hand voll sonnenwarmer Brombeeren oder Walderdbeeren, und stecken Sie sich alle auf einmal in den Mund und zerdrücken sie mit Ihrer Zunge am Gaumen.

❀ Riechen Sie an Ihrer Haut, nachdem Sie ein Sonnenbad genommen haben.

❀ Reiben Sie Ihre Haut mit Kakaobutter ein.

❀ Lassen Sie sich mit verbundenen Augen durch einen Wald führen.

❀ Schauen Sie zehn Minuten den vorbeiziehenden Wolken zu.

❀ Baden Sie in natürlichen Schwefelquellen, z. B. in den Bagni Petrioli in der Toskana.

❀ Schmieren Sie ihren ganzen Körper mit dem Lehm dieser Quellen oder mit dem Lehmboden aus einem See (z. B. dem Hintersteiner See bei Scheffau in Tirol) ein.

❀ Schwitzen Sie in einem indianischen Tipi (Schwitzhütte) und legen sich anschließend auf den nackten Wald- oder Gras-Boden. Nachts unterm Sternenhimmel ist das ein besonderer Genuss.

❀ Stellen Sie sich, wenn Sie können, auf den Kopf und betrachten die Welt verkehrt herum.

❀ Lassen Sie sich im Schwimmbad durchs Wasser ziehen.

❀ Nehmen Sie an einem Ballonflug oder einem Tandem-Gleitflug teil.

❀ Kleiden Sie sich einmal ganz anders als gewohnt und beobachten, wie anders Sie sich bewegen, benehmen, fühlen und wie anders Sie von anderen angesehen und wahrgenommen werden. (Eine Frau geht im weit schwingenden Rock anders als im engen Minirock oder in einer Jeans.)

Dass alle unsere Erkenntnis mit der Erfahrung anfange, daran ist gar kein Zweifel. (Immanuel Kant)

Sie glauben, dass viele dieser Übungen nun wirklich nicht mehr altersgemäß für Sie sind? Aber Sie wissen doch: Wer alt werden will, muss beizeiten beginnen. Und ob wir wollen oder nicht, die Menschen werden immer älter.

Besonders aus diesem Grund ist es wichtig, die eigenen Einstellungen rechtzeitig zu überprüfen, um nicht bereits im Alter zwischen 40 und 50 Jahren zu »sterben«, um dann mit 80 Jahren beerdigt werden zu dürfen. Wenn wir *gesund* alt werden wollen, heißt das, dass wir irgendwann den Revolutionär in uns entdecken müssen.

Jeder nicht mehr ganz junge Mensch, der auf sein Leben zurückblickt und sich fragt, was in der Vergangenheit wirklich Sinn gemacht hat, wird sich in der Regel an Momente des Glücks und der Freude, der Erfüllung erinnern. Auch Sie werden erkennen, dass es immer Ihre Einstellung war, die Momente des Lebens zu sinnerfüllten, schönen Momenten, zu Momenten der Liebe und des Genusses hat werden lassen. Immer waren es Momente, in denen Ihre Aufmerksamkeit auf Ihrem Erfolg, auf Anerkennung, auf Zufriedenheit lag. Sobald wir uns auf einen Mangel fixieren, geht uns die Zufriedenheit verloren. Das, was unsere Welt negativ erscheinen lässt, ist unsere persönliche Bewertung. Sinn kann – wie gesagt – nur im Moment gefunden werden. Machen Sie es sich deshalb zur Gewohnheit, ihr eigener Beobachter zu werden.

Achtsamkeit ist eine der Grundvoraussetzungen für die Kunst der Sinnlichkeit und für ein sinnerfülltes Leben. Beginnen Sie deshalb damit, sich sozusagen immer wieder und immer öfter »neben sich zu stellen«. Beobachten Sie, wodurch Ihre Entscheidungen beeinflusst werden. Und stellen Sie sich diese Fragen auch zu Erlebnissen aus Ihrer Vergangenheit:

❀ Wann und bei welchen Erlebnissen haben oder hatten Sie Angst, schlechte Gefühle, werden oder wurden aufgeregt?

❀ Welche inneren Einstellungen, welche Werte haben diese Reaktion hervorgerufen?

❀ Wie ist die Situation für Sie ausgegangen?

❀ Wodurch wurde das bewirkt?

❀ Was haben Sie selbst dazu beigetragen? Wie haben Sie reagiert?

❀ Wie hätten Sie anders reagieren, wie die Situation anders bewerten können?

Schreiben Sie die einzelnen Antworten dazu wirklich auf, im Positiven wie im Negativen.

Machen Sie sich klar, welche Folgen eine andere Reaktion, ein anderer Blickwinkel hätte haben können. Stellen Sie sich vor, wie Sie sich dabei fühlen würden bzw. gefühlt hätten. Weitere Fragen sind:

❀ Worüber regen Sie sich oft auf?

❀ Fragen Sie sich, welche Bedeutung diese Erlebnisse in zehn Jahren noch für Sie haben werden.

❀ Und fragen Sie sich gleichzeitig, was jetzt in diesem Moment wirklich wichtig und sinnvoll ist.

Es gibt viele innere Stimmen in uns: den Kritiker, den Antreiber, den Richter, die gute Mutter, den sorgenden Vater, das brave, gehorsame, verletzliche oder trotzige Kind, den Revolutionär, den Süchtigen, den Märtyrer, das Opfer, den Tyrannen, den Helfer, den Künstler, den Romantiker, den Krieger, den Reformer, den Beobachter, den Mutigen, den Feigling, den Starken und den Schwachen und vieles mehr.

Normalerweise haben einige dieser »inneren Personen« sich stärker entwickelt als andere, weil wir in diesen Rollen gelernt haben, uns vor Gefahren zu schützen. Das geschieht von der Kindheit bis zum Erwachsenwerden und wird uns zur Gewohnheit. Die anderen inneren Stimmen werden im Laufe des Lebens immer mehr verdrängt. Sie existieren aber als »ungehörte« Energien weiter und erzeugen einen Energiestau, der uns viel Kraft nimmt, der uns blockiert und uns daran hindert, unsere Intuitionen wahrzunehmen und ein Leben mit tiefen, leidenschaftlichen Gefühlen und differenzierten Erlebnissen zu leben – ein Leben, in das wir uns ganz mit allen unseren Fähigkeiten einbringen können. Wir haben Angst, uns auf diese verdrängten Energien einzulassen und verharren meist lieber im Altbekannten – auch wenn es uns noch so sehr einschränkt –, als dass wir das Risiko des Neuen, Unbekannten eingehen. Wir nehmen dafür in Kauf, dass unsere Sinne und unsere Intuition abstumpfen. Wir drücken uns vor Entscheidungen. Echte Entscheidungen sind jedoch immer so, dass man nicht weiß, was daraus wird. Alles, was berechenbar ist, hat mit Ent-

Menschsein ist entscheidendes Sein. (Karl Jaspers) scheidungen eigentlich nichts zu tun. Entscheidung heißt immer, sich in die Ungewissheit der Zukunft hinein zu entschließen. Das erfordert Mut und Verantwortung.

Fallbeispiele

Eine Wahl ist keine Beschränkung, sondern die Ausübung der Freiheit. Leben beginnt da, wo unsere Bequemlichkeit endet. Veränderung ist das einzig Konstante. Aber viele Menschen ziehen es vor, im »alten Elend« zu verharren, zu klagen, unglücklich zu sein, krank zu werden, Schuldige zu suchen – im Schicksal, bei den Mitmenschen, den Umständen, der Umwelt. An das alles haben sie sich lange Jahre gewöhnt. Hier fühlen sie sich sicher. Es ist ihnen letztendlich lieber, in dieser – wenn auch oft schmerzlichen – Sicherheit zu verharren, als das Wagnis des Neuen, das Wagnis der Unsicherheit, das Wagnis des Lebens einzugehen.

In einer sich so schnell verändernden Welt kann nur bewahren, wer zum Verändern bereit ist. Wer nichts verändern will, wird auch das verlieren, was er bewahren möchte. (Gustav Heinemann)

Ich denke, während ich das hier schreibe, an einige meiner Patientinnen und Patienten und will Ihnen zwei Fallbeispiele zum besseren Verständnis des Gesagten aufführen. Die Namen habe ich verändert, die Inhalte entsprechen den realen Fällen:

Jessica kam zu mir in die Praxis und erzählte, dass sie seit ihrem 15. Lebensjahr unter schwerstem Asthma litt. Sie konnte nur noch mit der stets greifbaren Cortison-Spraydose leben, und ihr Gesundheitszustand verschlechterte sich immer mehr. Sie hatte alle schulmedizinischen und naturheilkundlichen Möglichkeiten ausgeschöpft, ohne dass ihr etwas oder jemand geholfen hätte. Jetzt wollte sie wissen, was sie selbst, ihr Verhalten, ihre tief sitzenden Muster mit dieser Krankheit eigentlich zu tun haben. Jessica war fest entschlossen, Eigenverantwortung für ihre Gesundheit und ihr Befinden zu übernehmen. Sie hatte begriffen, dass jede Krankheit uns auf etwas aufmerksam machen will, dass jede Krankheit uns ein Ungleichgewicht zwischen Körper, Seele und Geist signalisiert. Sie wusste auch, dass Asthma nicht etwa bedeutet, nicht *ein*atmen zu können, sondern dass die Krankheit eine *Aus*atem-Behinderung ist.

Vor Beginn der Therapie schilderte sie mir ihre Lebensumstände, den Suizid ihres Vaters, die von ihr übernommene Mutterrolle für ihre kleineren Geschwister, die Rolle der immer ja sagenden, lieben Tochter in Beziehung zur Mutter. Sie wollte ein Stück des Leides ihrer Mutter mittragen. Das alles war ihr als Kind natürlich überhaupt nicht bewusst. Es wurde jedoch im Laufe ihres Lebens zu einem tief sitzenden Muster, das sich mehr und mehr zu einer Opfer-, ja Märtyrer-Rolle gestaltete. Sie war der Meinung, nur noch zu geben, nichts zu bekommen. Sie wollte alle vermeintlichen Wünsche der ihr nahe stehenden Mitmenschen möglichst erfüllen. Mit diesem Muster ging sie auch in die Beziehungen, die sie zu Männern und Lebenspartnern hatte, mit dem Ergebnis, dass alle Partnerschaften früher oder später zerbrachen. Mittlerweile war sie 39 Jahre alt und mal wieder allein. Betrogen, belogen, ausgenutzt – wie sie meinte. So wollte sie nicht mehr leben, schon gar nicht, weil auch ihr Gesamtbefinden, nicht zuletzt durch das Cortison, und ihr Gesundheitszustand mittlerweile stark angeschlagen waren. Das Wort »Lebensfreude« war ihr zum Fremdwort geworden.

Im Laufe der Therapie, in der wir sehr viel mit dem Unterbewusstsein arbeiteten, mit inneren Bildern und der Frage, was diese mit ihrer gegenwärtigen Lebenssituation zu tun haben, erkannte sie, wie es mit dem Thema »Geben« bei ihr bestellt war.

Atmen ist Geben und Nehmen. Wir atmen Kohlendioxid aus, das die Pflanzen zum Leben brauchen. Die Pflanzen geben Sauerstoff ab, den wir zum Leben benötigen. Einatmen ist Nehmen, Ausatmen ist Geben. Im Grunde ihres Herzens wollte sie endlich bekommen, wollte nehmen können. Es war ihr nur nicht wirklich bewusst. Nehmen konnte sie – ohne dabei ein schlechtes Gewissen zu haben – immer dann, wenn sie einen Asthmaanfall hatte und sich damit schwach und hilfsbedürftig machte. Dann kümmerten sich ihre Mitmenschen um sie. Mehr und mehr kam sie durch diesen »Mechanismus«, der längst seine eigene Dynamik entwickelt hatte, dazu, über ihre Umgebung Macht auszuüben.

Während der nächsten Sitzungen klärten wir, was von all dem, was sie für andere tat, sie wirklich von Herzen gerne gab. Eine Vielzahl ihrer »Selbstlosigkeiten« fiel bei dieser Betrachtung schon heraus. Zu vielen »Liebesdiensten« hatte sie nicht die geringste Lust. Sie glaubte jedoch fest daran, dass die anderen das alles von ihr erwarteten.

Bei der Frage, was sie selbst eigentlich von ihrer »Opferrolle« habe, sagte sie ganz spontan: »Ich? – Gar nichts!« Doch wie sich im weiteren Verlauf der Therapie herausstellte, stimmte das nicht. Sie tat das alles, um geliebt und anerkannt zu werden, und merkte nicht, dass sie das Gegenteil erreichte. Ihre Mutter hätte sehr gern ihre mütterliche Energie als starke Mutter an sie abgegeben, wäre gern stolz darauf gewesen, ihr eine kraftvolle, sorgende Mutter gewesen sein zu können, die wie eine Löwin hinter ihr steht. Ihre Partner hätten es geschätzt, etwas für sie tun, sie »tragen« zu können – nicht nur, wenn sie krank war. Ihre Geschwister hätten sich gewünscht, auch mal etwas »besser« machen zu können als sie selbst usw. Aber Jessica ließ ihnen keine Chance. Sie bestimmte, sie sorgte, sie kümmerte sich, sie tat und machte und machte und machte … bis sie selbst mal wieder zusammenbrach – mit einem Asthmaanfall.

Wie soll ein Mensch anderen etwas geben, das ihnen wirklich nützt und gut für sie ist, wenn er nicht auch für sich selbst sorgt, wenn er im Grunde gar nichts zu geben hat?

Jessica machte sich im Laufe der zehn Therapiesitzungen klar, was sie besonders gut kann und besonders gerne tut. Ihr wurde klar, dass sie von diesen Dingen fast gar nichts tat, und sie suchte nach Gründen. Ihre »Verhinderer« hießen:

- ❈ Du bist nichts wert, wenn du nicht immer ja sagst.
- ❈ Du darfst nur nehmen, wenn du bedürftig bist.
- ❈ Du musst dich ungeheuer anstrengen, um etwas zu bekommen.
- ❈ Du darfst dir nicht einfach selbst etwas gönnen.
- ❈ Den anderen geht es viel schlechter als dir, deshalb musst du erst einmal für sie sorgen.
- ❈ Wenn du nicht alles machst, dann bist du kein guter, kein erfolgreicher Mensch etc.
- ❈ Ich muss mich ständig um meine Mutter, meine Geschwister, meinen Partner kümmern, deshalb komme ich nicht zu dem, was ich eigentlich will.
- ❈ Sowieso ist mein Vater Schuld. Hätte er sich nicht umgebracht, würde es mir heute besser gehen.

Der nächste Schritt war, aus den inneren Bildern zu erkennen, was sich Jessica eigentlich wirklich wünschte und welche Ideale, welchen Sinn sie für ihr Leben finden konnte. Eine eigene Familie war ihr Wunsch. Und sie wollte Saxophon spielen.

Als Jugendliche hatte sie Unterricht genommen und konnte völlig in ihrer Musik aufgehen. Sie konnte sich all ihre Gefühle »aus dem Hals blasen«. Aber später fand sie keine Zeit mehr dazu, fand es nicht wichtig, Musik zu machen, nur um sich gut zu fühlen. Es gab doch wichtigere Dinge zu tun! Im Grunde wünschte sie sich sehr, wieder Saxophon spielen zu können. Hatte sie sich doch in den Trance-Zuständen der Therapie immer wieder auf Bühnen erlebt, wo sie Menschenmengen mit ihrer Musik begeistert und ihnen Freude verschafft hatte.

Ihr Ideal war es wie gesagt auch, eine eigene Familie zu gründen und mindestens drei Kinder aufzuziehen. Sie erlebte sich als kraftvolle, freudvolle und humorvolle Mutter, die ihren Kindern sehr viel Selbstvertrauen und Mut mit ins Leben geben konnte. In dieser Situation lebte sie ihr ganzes »Helfersyndrom« auf eine gute, sinnvolle und verantwortungsvolle Weise und war glücklich dabei – zunächst nur in inneren Bildern während der Therapie.

Aber ihr wurde bewusst, wie sehr jeder erwachsene Mensch einzig und allein zunächst für sich selber verantwortlich ist. Erst danach sind wir verantwortlich für das, was wir uns vertraut gemacht haben, wie St. Exupéry den Kleinen Prinzen sagen lässt. Sie wollte in ihren Kindern »ein Feuer anzünden«, das sie das Leben lieben ließe, wollte sie hegen und pflegen, wie man kleine Pflänzchen hegt und pflegt, wollte sie so lange, wie es sinnvoll ist, vor Gefahren schützen, um sie dann – ausgestattet mit einem Urteilsvermögen, das an gesunde, menschliche und Anteil nehmende Gefühle gebunden ist – in die Eigenverantwortung und Freiheit zu entlassen.

Sie hatte begriffen, dass es nicht die Umstände sind, die unser Leben bestimmen, sondern immer das, was wir aus und in diesen Umständen als *unser* ganz individuelles Leben gestalten. Sie begann zu ahnen,

Pflicht ohne Liebe macht verdrießlich
Verantwortung ohne Liebe macht rücksichtslos
Gerechtigkeit ohne Liebe macht hart
Wahrheit ohne Liebe macht kritiksüchtig
Erziehung ohne Liebe macht widerspruchsvoll
Klugheit ohne Liebe macht gerissen
Freundlichkeit ohne Liebe macht heuchlerisch
Ordnung ohne Liebe macht kleinlich
Sachkenntnis ohne Liebe macht rechthaberisch
Macht ohne Liebe macht gewalttätig
Ehre ohne Liebe macht hochmütig
Besitz ohne Liebe macht geizig
Glaube ohne Liebe macht fanatisch
(aus den Upanischaden)

dass nicht der Mensch geliebt wird, der nur ein Gefühl für die Liebe hält, sondern der, der wirklich liebt.

Und wer sich selbst nicht liebt, kann auch keinen anderen Menschen lieben. Es steht schon in der Bibel: Liebe deinen Nächsten wie dich selbst. Der letzte Teil des Satzes wird in vielen Zitaten einfach weggelassen. So sind wir auch erzogen in dem Bewusstsein, dass Armut edler ist als Reichtum, dass Geben seliger ist als Nehmen.

Aber Geben und Nehmen gehören genauso zusammen wie Ein- und Ausatmen, oben und unten, wie Freude und Leid oder Hell und Dunkel. Das eine bedingt das andere. Und Liebe ist das Einzige, was sich vermehrt, je mehr wir davon geben. Aber es muss wirkliche Liebe sein. Liebe ist immer selbstlos und gibt immer selbstlos. Es ist genug für alle da. Das ganze Leid auf der Welt entsteht nur, weil so viele Menschen glauben, das, was sie haben und besitzen, als ihr Eigentum betrachten zu können. Sie halten alles fest. Dabei haben wir alles – auch unser Leben – nur »geliehen«. Wir dürfen es verwalten, hegen und pflegen. Unsere Freiheit liegt darin, zu entscheiden, wie wir mit dem uns geschenkten Leben, unseren Gefühlen, Gedanken und dem, was wir materiell besitzen, umgehen. Wir können alles ins Positive transformieren und fließen lassen, wir können aber auch festhalten in dem Glauben, alles sei unser Eigentum. Spätestens im Tod werden wir dann der Tatsache gewahr, dass wir nichts mitnehmen können, außer vielleicht unser – wie weit auch immer entwickeltes – Bewusstsein.

Hinterlassen können wir vieles: Frieden, Glück, materielle Güter, Werke, die wir geschaffen haben, usw. Es liegt jedoch nicht in unserer Macht zu bestimmen, was andere, z. B. unsere Nachfahren, damit machen. Einzig und allein unser Verhalten, unsere Fähigkeit, zu lieben, und unsere Gedanken, Einsichten und Einstellungen, die wir weitergegeben haben, werden keimen, wachsen und Früchte tragen.

Jessica war glücklich über diese Erkenntnisse. Ihr war bewusst, dass die Arbeit jetzt erst begann. Sie wurde nach der Therapie von Tag zu Tag achtsamer mit sich selbst. Sie achtete auf ihre Gefühle, ihre Wünsche und Träume, sie achtete auf ihr Verhalten und darauf, in welchen Situationen die Asthmaanfälle kamen. Sie schärfte alle ihre Sinne.

Sehr schnell merkte sie, wie viel Macht sie mit ihrem Asthma über andere ausübte. Das wollte sie gar nicht. Deshalb beobachtete sie ihre Sinneswahrnehmungen, um zu begreifen, was in diesen Situationen geschah. Meistens waren es ungute Gefühle, mit denen sie konfrontiert wurde, wenn sie in ihre Opfer- oder Helfer-Rolle fiel. Deshalb lernte sie, sich abzugrenzen, und integrierte nach und nach in ihr Leben Dinge, die gut für sie waren, die sie glücklich und zufrieden machten. Sie machte Pläne, wie sie ihre Wünsche und Ideale verwirklichen könnte, machte sich klar, was sie dafür aufgeben müsste, welchen Preis das hätte usw. Und dann traf sie ihre Entscheidungen.

Einige ihrer – dafür gehaltenen – Freunde wendeten sich ab. Sie verstanden die Veränderung nicht. Viele neue kamen hinzu. Jessica wurde von Tag zu Tag strahlender und beliebter.

Als ich sie acht Monate nach dem Ende der Therapie wieder traf, hatte sie einiges verwirklicht: Sie spielte Saxophon in einer Band. Sie war nun wirklich offen für eine liebende Partnerschaft. Sie wurde von ihrer Mutter bewundert und besuchte sie nun gerne, weil sie ganz neuen Gesprächsstoff mit ihr hatte. Sie hatte ihre Mutter tief in ihrem Inneren anerkannt als Mutter, durch die sie ihr Leben geschenkt bekommen hatte. Ihre Mutter machte Jessica nun des Öfteren eine Freude und half ihr, wo sie konnte. Ähnlich erging es ihr mit den Geschwistern. Die Asthmaanfälle traten nur noch selten auf, und wenn, immer in Situationen, in denen Jessica noch nicht wirklich authentisch war, in Situationen, in denen sie mit ihrer Achtsamkeit nicht präsent war.

Mittlerweile sind drei Jahre vergangen. Jessica hat seit gut einem Jahr überhaupt kein Asthma mehr. Sie hat ihren Freundeskreis zum großen Teil gewechselt, ist verheiratet und erwartet ein Kind. Auf meine Frage, wie es ihr denn ergangen sei, sagte sie nur: »Es war harte Arbeit, und es gab Zeiten, in denen ich mich wirklich einsam gefühlt habe. Oft war ich in Gefahr, in meine alten Muster zurückzufallen. Dann habe ich meine Therapie-Notizen wieder gelesen, meine Sinne wieder entfaltet und bin weitergegangen auf dem begonnenen Weg. Heute bin ich über den Berg. Ich fühle mich gut, bin gesund, mache Musik und freue mich auf unser Kind. Ich habe gelernt, nein zu sagen. Und wenn ich ja sage, dann ist es authentisch und mit Liebe gesagt. So kann ich viel mehr bewirken, bin glaubwürdiger und werde mehr geachtet. Ich verbreite keine schlechten Vibrationen mehr um mich herum, weil ich nie mehr lange unglücklich bin. Selbstaufopferung habe ich für mich als Trick entlarvt, andere zu quälen und abhängig zu machen, natürlich ohne dass mir das früher bewusst war. Mein Leid und meine Krankheit waren so für mich die Wurzel des Wachstums und die Wurzel zur Gesundheit. Ich bin dankbar, diesen Weg ins zunächst Ungewisse gegangen zu sein.«

Ein anderes Beispiel:
Otto, der Betriebsratsvorsitzende eines Großunternehmens, wurde nach jahrelangem Engagement aus dieser Funktion abgewählt. Er empfand das als Ungerechtigkeit und vermutete Intrigen dahinter. Hatte er sich doch – wie er meinte – sehr selbstlos für die Mitarbeiter des Unternehmens über viele Jahre eingesetzt und seine Arbeit gut gemacht.

Im Verlauf der Therapie kam jedoch heraus, dass ihn (mit seinen 62 Jahren) diese Arbeit im Grunde überforderte. Er litt mittlerweile unter diversen Gesundheitsstörungen und sprach sogar dem Alkohol in unguter Menge zu. Otto erkannte auch, dass es ihm bei seinem Festhalten-Wollen an dieser Funktion in erster Linie um Machtansprüche ging. Als wir dann herausfanden, was er sich wirklich für die letzten Berufsjahre wünschte, was er wirklich zu geben hatte, ohne dass es ihn gleichzeitig auslaugte, und was er wirklich gerne tat und sehr gut konnte, stellte sich folgendes heraus:

Otto war ein geborener Diplomat. Er hatte über viele Jahre Erfahrungen damit, verschiedene Standpunkte zu integrieren. Was ihm schwer fiel, war anzunehmen, dass Probleme auf neue, ganz unerprobte Art und Weise gelöst werden können. Mit Neuerungen und modernen, innovativen Blickwinkeln konnte er sich schlecht anfreunden. Beim näheren Blick auf seine Sinneswahrnehmungen stellte er jedoch fest, dass er in solchen Situationen nicht wirklich auf seine innere Stimme, auf seine echten Gefühle geachtet hatte, sondern sich immer auf vergangene Erfahrungen berief. Seine Gefühle waren außerdem überlagert von der Angst, seine Macht zu verlieren, von der Angst, die Mitarbeiter in eine ungewisse Zukunft zu führen. Viele neue Ideen hatte er in der Vergangenheit damit abgeblockt. Später, als er das erkannt und in der Therapie bearbeitet hatte, konnte er sich ruhigen Gewissens aus seinem Amt zurückziehen, konnte die Veränderung annehmen und fungierte als Berater im Hintergrund, der gut zuhören, das Gehörte mit seinen »vier Ohrenpaaren« und vielen anderen Sinnen aufnehmen und mit begründeten Argumenten bereichern konnte. Er bekam eine Vermittler-Position, die er neben einer anderen, ihm auf den Leib geschneiderten Aufgabe gut bewältigen konnte, und wurde als Ratgeber, aber auch als »Bedenkenträger« geschätzt. Seine Selbsterkenntnis, veränderte Erlebnisfähigkeit sowie seine neue Einstellung zu den Dingen halfen ihm, sich sinnvoll in den Arbeitsprozess zu integrieren und seine neuen Aufgaben mit Liebe zu erfüllen.

Ein Nebeneffekt ist, dass er seine Familie wieder mehr genießt und sich auch in diesem Lebensbereich mit seiner gewachsenen Weisheit einbringen kann. Seine Ehe erlebt einen dritten Frühling, und er ist ein liebevoller Großvater, den seine Enkelkinder nicht missen wollen. Rundum kann er nun sein Leben viel stärker genießen, da er wieder mehr Verantwortung für sich selbst übernimmt, achtsamer mit sich und seiner Gesundheit umgeht und aus dem reichen Erlebnis- und Erkenntnisschatz seiner Vergangenheit abgeben kann. Er braucht den Alkohol nicht mehr, um seine Ängste und seine Unzufriedenheit zu betäuben. Sein Blickwinkel hat sich enorm erweitert. Neue Gelassenheit macht Otto nun viel zufriedener als je zuvor.

Anhand dieser beiden Beispiele möchte ich Ihnen folgendes mit auf Ihren Weg zu einem sinnerfüllten Leben geben:

Nehmen Sie jede Entscheidung nicht als Last, sondern als wichtige Aufgabe und glücklichen Umstand an. Ein freies Leben besteht aus einer Landschaft voller Weggabelungen, ein unfreies aus einem Tunnel ohne Abzweigungen.

DER VERLUST DER SINNLICHKEIT

Wer in Betonwüsten herumirrt,
wird keine Blume sehen.
(Verfasser unbekannt)

Sinnlichkeit ist eine Quelle sprudelnder Kräfte und ein Brunnen der Lebensfreude. Doch wie steht es in unserem Kulturkreis um die Ausbildung der Sinnlichkeit?

Kleine Kinder werden schon im Vorschulalter mit intellektuellen Lernspielen konfrontiert. Wissen wird in sie hineingestopft, sie sitzen – anstatt mit anderen Kindern draußen zu spielen – mehr und mehr allein vor dem Fernseher oder irgendwelchen Computerspielen. Diese Beschäftigungen reduzieren die sinnliche Erfahrung der Welt, die sinnliche Erfahrung von sich selbst und auch von Mitmenschen auf ein Minimum. Der Erlebnishorizont unserer Kinder ist stark eingeschränkt. Das betrifft in erster Linie die Großstadtkinder, für deren Eltern – die zumeist auch noch beide berufstätig oder gar allein erziehend sind – es zugegeben oft schwierig ist, noch Zeit zu finden, um ihren Kindern sinnliche Erlebnisse außerhalb des Kinderzimmers anzubieten. Viele Eltern finden kaum Zeit, mit ihren Kindern zu spielen, zu basteln oder gar in die freie Natur zu gehen. Stattdessen besuchen sie Vergnügungsparks, also künstliche Welten, und fahren ihre Kinder von einem Kurs zum anderen, seien dies Musik- oder Tenniskurse, fernöstliche Kampfkünste oder Hausaufgabenhilfen.

Die Entwicklung der vermittelnden Ebene des Herzens und eines gesund ausgeprägten Gefühls kommt in der Regel zu kurz. Kinder werden viel zu früh zum Urteilen aufgefordert, ohne die Möglichkeit zu bekommen, zunächst einmal ein gesundes Gespür für »Gut und Böse«, für Mitmenschlichkeit und Sinn zu entwickeln, aus dem heraus menschliches Urteilen überhaupt erst möglich wird. Mehr und mehr geht es um Wettkampf, um Erfolg, um Leistung. Je mehr Sinneserfahrungen ein heranwachsender Mensch jedoch machen kann, desto differenzierter wird sein Urteilsvermögen sein.

Wie viele Sinneseindrücke dem heute heranwachsenden Großstadtkind vorenthalten werden, wird sicher jedem klar werden, der darüber einmal nachdenkt, wie diese Kinder aufwachsen – mit Fernsehern, Computern, Kassettenrecordern, die das Waldesrauschen simulieren, das Zwitschern der Vögel oder das Muhen der Kühe. Diesen Kindern und Jugendlichen mangelt es an einer differenzierten Entwicklung und Stimulation ihrer Sinne. Dadurch ist die Ausbildung ihrer gesunden menschlichen Gefühle eingeschränkt. Der Verlust der Sinnlichkeit ist nur *eine* Folge.

Erkläre mir, und ich vergesse.
Zeige mir, und ich erinnere.
Lass es mich tun, und ich verstehe.
(Konfuzius)

Die Erfahrungsspielräume unserer Kinder werden immer geringer. Das Tun beschränkt sich mehr und mehr auf das Konsumieren. Diese Tatsache bezieht sich auf die Bereiche des Spiels genauso wie auf die Tätigkeiten im Haus – von der Essensbeschaffung und -zubereitung bis zur Haushalts- und Wäschepflege.

Heutige Kinder sehen die Welt häufig nur noch durch drei Fenster: das Fenster ihres Zimmers, das des Fernsehers und das des Autos, mit dem sie von ihren Eltern zu den verschiedensten Aktivitäten hin- und hergefahren werden. Zu Aktivitäten, die ihnen häufig förmlich aufgedrängt werden, die sie sich nicht wirklich wünschen, für die sie sich nicht anstrengen müssen, um sie tun zu dürfen. Wie soll bei derart heranwachsenden Menschen ein Wille zum Sinn entstehen, wie eine gut ausgebildete Sinnlichkeit?

Reizüberflutung

Wie ist es in unserer Welt um die Sinnlichkeit bestellt?

Wir werden überschüttet mit Sinnesreizen. Der Lärm als Beispiel trägt deutlich dazu bei, unseren Hörsinn abzustumpfen.

Wo immer wir uns heute hinbegeben – und sei es in abgelegene Winkel der Natur –, wir werden überflutet mit Lärm. Oft ist selbst noch auf den Gipfeln der Alpen der Lärm entfernter Autostraßen zu hören. Flugzeuge am Himmel gehören zum Alltag.

C. G. Jung hat bereits 1957 den Lärm als das auffälligste Übel unserer Zeit bezeichnet. Ganz abgesehen davon, dass der Lärm zu Erschöpfung führt, bringt er enormen Konzentrationsmangel mit sich.

C. G. Jung sagte damals, dass die Kinder durch die vielen Reize, die ihnen von außen zugeführt werden, sich nicht mehr auf etwas, das sie aus sich selbst heraus tun könnten, konzentrieren können.

Schauen und hören Sie sich um, wo sind wir nicht von Lärm oder Musik umgeben? Wie viele Kinder hören, während sie ihre Hausaufgaben machen, nebenbei Radio?

Woran liegt es, dass immer mehr Menschen derart abhängig werden vom Außen, von Bildern, von Lärm? Jung sagte, der Lärm sei uns so willkommen, weil er eine instinktive Warnung übertöne – die überall bewusst gewordene Angst. Wir liebten in gewissem Sinne den Lärm, sagte er, denn er lasse diese Angst nicht zu Wort kommen. Er gäbe uns ein Sicherheitsgefühl und verscheuche die »Dämonen«.

In allen Kulturen haben Menschen Rituale entwickelt, um mit Lärm böse Geister zu verscheuchen (Musik, Getrommel, Feuerwerk etc.). Aber das sind Rituale. Diese Menschen lebten oder leben noch heute in einer Kultur, die auch dem Pol der Stille genug Raum gibt.

Der heutige Lärm jedoch schützt uns vor peinlichem Nachdenken, auch vor wirklichem Hin- und Zuhören, vor der Begegnung mit unserer eigenen Sinnlichkeit. Lärm enthebt uns aller Anstrengung, etwas sagen oder tun zu müssen.

In der Stille wird es vielen Menschen unheimlich. Totenstille – Gespenster? Wohl kaum!

Was in Wirklichkeit gefürchtet wird, ist das, was vom eigenen Inneren kommt, sagte Jung, das, was wir uns durch Lärm »vom Halse halten«.

Gehen Sie einmal in München-Schwabing durch die Cafés und Kneipen – egal, ob morgens zum Frühstück, mittags oder abends. Ich kenne kaum ein Lokal, wo nicht die Musik so laut ist, dass es zur Qual wird, sich

In der Stille würden die Menschen zum Nachdenken kommen – und es ist gar nicht abzusehen, was ihnen alles zu Bewusstsein käme.
(C. G. Jung)

wirklich zu unterhalten, wirklich zu kommunizieren. In anderen Städten ist es nicht anders. In Lokalen in Kleinstädten kommt oft noch der Lärm von Spielautomaten und Fernsehern dazu.

Wie viele Menschen gibt es, bei denen von morgens bis abends der Fernseher läuft. Nicht, dass sie wirklich den ganzen Tag fernsehen würden, nein, sie brauchen diese Geräuschkulisse, um sich nicht allein zu fühlen, um nicht wirklich in die Sinnlichkeit der Wahrnehmung von sich selbst zu kommen.

Sie werden vielleicht meinen, dass ich übertreibe. Aber ich übertreibe nicht. Schauen Sie sich die Masse der Bevölkerung an. Schauen Sie sich die Programme der Fernseh- und Radioanstalten an. Lärm und Amüsement stehen im Vordergrund. Unsere Gesellschaft ist eine Fun-Gesellschaft! Selbst das Hören von »Klassik-Radio« wird uns zunehmend von lautstarken Werbeeinspielern vermiest. Echte Sinnlichkeit wird immer weniger zugelassen – die Betäubung der Sinne scheint angesagt.

Wie kann unsere naturgegebene Sinnlichkeit sich entfalten oder auch nur erhalten bleiben, wenn wir von Kindesbeinen an mit allen möglichen Kunstprodukten – Musik nur noch aus Lautsprechern, Bilder aus dem Fernsehen, vorgefertigte Spielzeuge, Computer- und Cyberspace-Spiele usw. – gefüttert werden? Unsere gesunden Instinkte für das, was verträglich und gesundheitsförderlich ist, verkümmern dadurch.

Mit Geschmacksverstärkern und anderen Nahrungsmittelzusatzstoffen wird unser Geschmackssinn betrogen, mit synthetischen Düften der Geruchssinn, mit Plastikspielzeug der Tastsinn unserer Kinder, mit Cyberspace und anderen Medien der Sehsinn, der Hörsinn, der Lebenssinn, der Sprachsinn usw.

Immer waghalsigere Freizeitvergnügen betäuben unseren Sinn für Erlebniswerte. Skydiving und Freeclimbing sind angesagt, es gibt sogar Gruppen, die in Waldgebieten »realen« Krieg spielen. Manager halten Seminare in ehemaligen Haftanstalten ab, um Selbsterfahrungen zu machen. Die Fahrgeschäfte auf den Jahrmärkten und auf dem Oktoberfest in München werden immer waghalsiger, versprechen mehr und mehr Nervenkitzel. Auftritte von Artisten im Zirkus strotzen vor Technik und Kühnheit.

Ich könnte diese Liste endlos fortsetzen. Wir werden zunehmend unkritischer, wenn wir dieser Spirale nicht selbst ein Ende setzen.

Machen wir uns eines bewusst:

Die Verbraucher bestimmen, was angeboten, produziert und konsumiert wird. Und die Verbraucher sind wir. Jeder von uns. Insofern können wir – jeder für uns – allein durch unser Konsum-, Freizeit- und Kaufverhalten ganz viel verändern.

Wenn wir keine Produkte kaufen, in denen genmanipulierte Inhaltsstoffe enthalten sind, keine, die aus einer ausbeuterischen Landwirtschaft oder Leid erzeugenden Viehwirtschaft stammen, dann werden sich – je mehr Menschen sich darauf besinnen und solche Produkte boykottieren – die Landwirtschaft und die Industrie, also Erzeuger, Hersteller und Verarbeiter, an unserem Kaufverhalten orientieren müssen, wenn sie weiter bestehen und Gewinne erwirtschaften wollen.

Alle menschlichen Interaktionen müssen durch so etwas wie ein Nadelöhr. Dieses Nadelöhr sind individuelle Verstehensprozesse und Sinndeutungen. Wir haben, wenn wir unsere eigene Zukunft erhalten wollen, keine andere Wahl als in diesem Sinne kritisch zu werden und zu entscheiden, was wirklich gesundheitsförderlich, lebenserhaltend und lebensentfaltend ist. Es gilt, unterscheiden zu lernen zwischen dem, was uns zunächst subjektiv gut tut, und dem, was wirklich gut für uns ist, also Gutes bewirkt. Die Wirklichkeit ist nun einmal das, was wirkt.

Wenn Sinne krank sind oder betäubt werden, ist die Ganzheit des Menschen in Unordnung, d. h. krank. Erlebnisangebote, die ganz mühelos zu haben oder zu kaufen sind, haben mittlerweile viele Menschen so geschwächt, dass sie gar nicht mehr anders können als darauf zurückzugreifen.

Es sind nicht Heroin oder Kokain, die einen Menschen süchtig machen, es ist das Bedürfnis, der harten Realität zu entfliehen. Es gibt in diesem Land mehr Fernsehsüchtige, mehr Baseball- und Footballsüchtige, mehr Filmsüchtige und mit Sicherheit mehr Alkoholiker als Drogensüchtige.
(Shirley Chisholm)

Angst

Es gibt mehr Opfer der Angst in der Welt, als je eine mörderische Seuche für sich verlangte.
(Bo Yin Rà, d. i. Joseph Anton Schneiderfranken)

Zunächst ist Angst ein Gefühl, das uns vor Gefahren an Leib und Seele schützt. Die Neigung zu mehr oder weniger ängstlichem Verhalten ist dem Menschen einerseits schon in die Wiege gelegt. Er bringt sie durch seinen angeborenen Charakter mit in die Welt. Andererseits entspringt Angst später aus Selbstliebe, also aus einer Quelle, die im Grunde die Quelle allen Lebens ist: die Liebe.

Alles, was wir als Menschen wollen, fühlen, denken und tun, all unsere Vorstellungen, Einsichten, Entscheidungen werden entweder aus Angst oder aus Liebe getroffen. Das ist zunächst nicht ganz leicht zu verstehen. Aber wenn Sie sich klar machen, dass es bei der Angst immer darum geht, etwas zu verlieren – das Leben, die Gesundheit, die Anerkennung, die Macht, das Gesicht, die Sicherheit, geliebte Menschen usw. –, dann werden Sie auch erkennen, dass diese Angst letztendlich aus der Liebe zum eigenen Leben gespeist wird.

Haben wir die Liebe derart unterdrückt, die Liebe zu uns selbst als Erstes, die Liebe zu allem, was lebt, dass wir nur noch Besitzgier und Besitzansprüche wahrnehmen können? Wenn das so ist, befinden wir uns in einem negativen Kreislauf, der unser Mangelbewusstsein ausdrückt. Alles, was wir unbedingt haben wollen, besitzen wir nicht, sonst brauchten wir nicht danach zu streben. Alles, was wir ablehnen, ziehen wir an, weil wir unsere Aufmerksamkeit darauf richten. Wir alle erschaffen uns unsere Wirklichkeit selbst. Es wirkt das, was wir beachten, das, worauf wir uns konzentrieren, worauf unser Focus liegt. Und wenn unsere Aufmerksamkeit stets auf die Angst gerichtet ist, wird die Angst uns irgendwann vereinnahmen, starr und unbeweglich machen. Sie wird uns »besitzen«. Fragen Sie sich: Hat die Angst Sie oder haben Sie die Angst im Griff? Der einzige Ausweg ist, die Angst wahrzunehmen, sie dann »unter den Arm zu packen« und durch sie hindurchzugehen. Das geht leicht, wenn Sie Ihren Focus auf das richten, was Sie mit ehrlichem Herzen und wirklicher Liebe wollen. Entscheiden Sie, *wer* Sie sein wollen: ein Mensch, der von Angst »besessen« ist, der alles absichern will und sich damit vom Leben abschneidet, oder ein Mensch, der sich aufgehoben weiß in dieser Welt, im Kosmos, im Univer-

Die Tatsache, dass du noch nicht tot bist, ist kein ausreichender Beweis dafür, dass du noch lebendig bist. Dafür bedarf es mehr. Es verlangt Mut, vor allem den Mut, sich dem Tod zu stellen. Nur jemand, der lebendig ist, kann sterben. In Momenten höchster Lebendigkeit sind wir mit dem Tod versöhnt. Ganz tief in uns sagt etwas, dass wir zum Tode reif werden in dem Augenblick, in dem unser Leben Erfüllung erlangt. Es ist die Angst vor dem Tod, die uns davon abhält, ganz und gar reif, ganz und gar lebendig zu werden.
(David Steindl-Rast)

sum, in Gott vielleicht – wie auch immer Sie das nennen spielt keine Rolle. Ein Mensch also, der wirklich lebendig, beweglich und voller Liebe für das Leben durchs Leben geht.

Kein Mensch ist durch seine körperlich-seelische Bedingtheit frei von Angst. Wir alle sind aber frei, zu unserer Angst Stellung zu beziehen, uns zu überlegen, wie wir uns unseren Ängsten gegenüber verhalten wollen. Wenn wir herausfinden, was die Angst in unser Psyche bewegt, können wir uns auch entscheiden, wie wir darauf reagieren.

Aus Überzeugung und Liebe will ich tun, was ich tue, und lassen, was ich lasse. Der Angst will ich die Herrschaft entreißen und sie der Liebe geben.
(Ulrich Schaffer)

Habenwollen

Im Grunde unseres Herzen wollen wir alle Lebensfreude haben. Die meisten Menschen glauben, es müssten erst unzählige Bedingungen erfüllt sein, bevor sie diese Lebensfreude empfinden können. Dabei ist es so leicht, Lebensfreude zu entwickeln, zu spüren, zu leben und weiterzugeben, wenn wir unsere Sinnlichkeit pflegen. **Genuss mit allen Sinnen ist eine unerschöpfliche Energiequelle und eine Quelle der Lebensfreude.**

Vom prallen, vollen Leben werden wir abgeschnitten aus Angst, etwas nicht zu bekommen oder etwas, das wir zu besitzen meinen, zu verlieren. Es ist in der Regel das Habenwollen, das zum Verlust aller Sinnlichkeit führt. Wir alle haben in der Regel von materiellen Dingen zu viel und sollten uns dringend überlegen, ob wir so viel arbeiten für etwas, was wir wirklich noch brauchen, oder ob nicht etwa unsere grenzenlose Gier nach Besitz uns davon entfernt, das zu bekommen, wonach wir uns wirklich sehnen: Liebe, Zeit, um die Seele baumeln zu lassen, echte Freude statt nur »Fun«, Zuwendung, Mitgefühl, Anerkennung für das, was wir sind, und nicht für das, was wir leisten oder haben. Kennen wir je ein Genug? R. Böhme hat gesagt: »Je mehr wir haben, desto mehr haben wir zu wenig.« Deutlicher kann es wohl niemand sagen: Ein großer Teil unseres Konsumverhaltens ist kompensatorischer Natur. Viele Menschen der westlichen Welt versuchen, das, was ihnen auf immaterieller Ebene fehlt, durch Konsum auf der materiellen Ebene auszugleichen. Das führt jedoch meistens zu überflüssigem Besitz, der sich lähmend auswirkt und uns unfrei macht.

Sicherlich kennen Sie das Gefühl, viel zu viel zu besitzen. Spätestens wenn wir umziehen, wird uns deutlich, wie viele Dinge sich in unserem Besitz oder gar Eigentum befinden, die eigentlich zu nichts nutz sind und nicht zu uns gehören. Dies können Gegenstände sein, die wir irgendwann einmal geschenkt bekommen haben und nicht weggeben wollten, obwohl sie uns vielleicht gar nicht gefielen. Es können Dinge sein, die wir aus irgendeinem Gefühl, einer Laune oder Mode heraus gekauft haben, weil wir meinten, sie gehörten dazu.

Häufig haben wir einige Zeit später gar keine Beziehung mehr zu diesen Gegenständen. Der Grund dafür kann in unserer eigenen Veränderung liegen, in der Veränderung der Lebensumstände oder in den eigenen, veränderten Wertigkeiten.

Wenn Sie sich einmal die Mühe machen und Ihren Haushalt bewusst im Sinne einer Inventur durchforsten, werden Sie feststellen, wie viel unnötige Dinge sich dort verbergen. Teilweise führen sie sogar so etwas wie ein Eigenleben. Sie nehmen Raum ein, der besser genutzt werden könnte. Sie nehmen Ihre Zeit in Anspruch, weil sie gereinigt werden müssen. Ihre kreativen Kräfte können durch sie gelähmt sein, weil sie im wahrsten Sinne des Wortes im Wege sind und Energien binden. Es gibt Menschen, die bauen ihr Haus an, um den immer größer werdenden Besitz unterbringen zu können. Andere häufen Besitz aus Sicherheitsdenken an. Sie

Nimm dir Zeit zum Arbeiten,
das ist der Preis für den Erfolg.
Nimm dir Zeit zum Nachdenken,
das ist die Quelle der Kraft.
Nimm dir Zeit zu spielen,
das ist das Geheimnis der Jugend.
Nimm dir Zeit zum Lesen,
das ist das Fundament des Wissens.
Nimm dir Zeit für die Andacht,
das wäscht den irdischen Staub von den Augen.
Nimm dir Zeit für deine Freunde,
das ist die Quelle des Glücks.
Nimm Dir Zeit zum Lieben,
das macht das Leben herzlicher.
Nimm dir Zeit zum Lachen,
das ist die Erleichterung,
welche die Bürde des Lebens tragen hilft.
Nimm dir Zeit zum Träumen,
das zieht die Seele zu den Sternen hinauf.
(Verfasser unbekannt)

kaufen eine Wohnung oder ein Renditeobjekt nach dem anderen in der Vorstellung, ihr Leben dadurch absichern zu können. Die Folge ist oft, dass sie vor lauter Verpflichtungen ihrem Besitz gegenüber keinen Raum und keine Zeit mehr zum Leben haben – keine Zeit für Sinnlichkeit.

Lebensfreude im Sinne von gelebter Sinnlichkeit wird durch das Habenwollen oftmals erstickt. Das, wessen wir am meisten entbehren, ist häufig das Gefühl, Zeit zu haben. Zeit, unsere Sinnlichkeit wieder bewusst zu entfalten und zu genießen.

Stellen Sie sich bitte vor, dass es nichts gäbe, was Sie unbedingt haben müssen. Machen Sie sich dann bewusst, was Sie sich wünschen, welche Vorlieben Sie haben und welche Werte Sie mit der Erfüllung Ihrer Wünsche verwirklichen würden. Fragen Sie sich, ob diese Werte wirklich zu Ihnen gehören.

Was würde geschehen, wenn Sie den einen oder anderen Wunsch einfach fallen ließen?

Betrachten Sie diese Vorstellung aus verschiedenen Blickwinkeln: beruflich, privat, gesellschaftlich, ökonomisch, gesundheitlich, sozial, ethisch, kommunikativ, ästhetisch, kulturell, zwischenmenschlich und finanziell. Was würde sich in Ihrem Leben verändern? Welche neuen Möglichkeiten könnten sich dadurch für Sie auftun?

Schreiben Sie die Fragen und Antworten bitte in eine Art Tagebuch. Lesen Sie diese Aufzeichnungen eine Woche lang immer wieder durch, und ergänzen Sie die Antworten.

Machen Sie sich klar, welchen Verhaftungen Sie bei Ihren Antworten unterliegen, z. B. gut dastehen zu wollen, erfolgreich zu sein, anerkannt zu werden, als fleißig zu gelten, den (vermeintlichen) Erwartungen anderer zu entsprechen, jugendlich zu wirken, irgendwem etwas beweisen zu wollen usw.

Entscheiden Sie dann, ob für Sie diese Werte authentisch sind, ob Sie sie verwirklichen, erschaffen wollen. Wenn Ihnen das ursprünglich Angestrebte nicht mehr wichtig erscheint, lassen Sie es los. Wenn es nur im Moment nicht zu verwirklichen ist, legen Sie es zunächst »beiseite«. Wenn Sie jedoch sicher sind, dass Ihr Wunsch zu *Ihnen* gehört, überlegen Sie sich, was es braucht, um diesen Wunsch erfüllen zu können. Seien Sie schon dort, bevor Sie angekommen sind! Sehen Sie die Möglichkeiten, und richten Sie Ihren Focus darauf aus.

Fallbeispiel

Eine 35-jährige Frau lebte mit einem verheirateten, seit langem getrennt lebenden Mann zusammen, der drei halbwüchsige Kinder und eine Frau zu versorgen hatte. Sie selbst hatte ebenfalls zwei kleine Kinder, die mit im Haushalt lebten. Ihr Lebensgefährte verdiente als Geschäftsführer eines großen Industrieunternehmens genug Geld, um die wiederkehrenden monatlichen Belastungen zu bezahlen. Für den täglich Lebensunterhalt sorgte die Frau mit einer Tätigkeit, die sie nicht besonders liebte. Sie bildete sich permanent weiter, um irgendwann das, was sie wirklich interessierte, tun zu können. Sie wollte Heilpraktikerin werden und bestand auch nach intensiver Vorbereitung die staatliche Prüfung. Allerdings fehlten ihr – wie sie meinte – noch viele Kurse, um eine gute Praxisarbeit leisten zu können.

Eines Tages wurde der Mann arbeitslos und blieb es für viele Monate. Das Geld reichte nicht mehr aus, um die Familie zu ernähren. Die Frau spürte zunächst Verzweiflung und Ärger, sah ihr Ziel in unerreichbare Ferne rücken. Sie besann sich jedoch bald darauf, dass alles, was wir ablehnen, bei uns bleibt. In diesem Fall waren es der Geldmangel und die ihrer Meinung nach unzureichende Ausbildung. Also ließ sie einfach von ihrer Vorstellung los, noch etliche Therapierichtungen erlernen und dafür eine Menge Geld haben zu müssen. Sie erinnerte sich daran, dass sie selbst es ist, die ihr Leben – aus welchen Bedingungen heraus auch immer – erschafft, und daran, dass sie das, wofür sie arbeiten wollte, wirklich liebte: die Menschen. Damit öffnete sie sich dem Wert ihrer Idee. Sie wollte alles, was sie ausmachte, in ihre Arbeit einbringen und »der Welt« zur Verfügung stellen. Und sie konnte gut mit Menschen umgehen, gut zuhören, war sehr fürsorglich und sehr intuitiv und sensitiv. Außerdem galt ihr Interesse seit sie Kinder hatte der Naturheilkunde und dem Zusammenspiel von Körper, Seele und Geist, insbesondere in Bezug auf Gesundheit. Sie wollte einen Beruf ausüben, in dem sie alle ihre Sinne einsetzen konnte.

Von diesem Augenblick an konnte sie von ihrer Erwartung und ihrem Bestreben, zuerst genug Geld für die Verwirklichung ihres Wunsches haben zu müssen, genauso loslassen wie von dem Mangelbewusstsein bezüglich ihrer Ausbildung. Sie richtete ihre Aufmerksamkeit auf die Verwirklichung ihrer Praxis, sah die Möglichkeiten und Hilfestellungen, die ihr zuteil werden konnten, und erschuf damit die Realität.

Sie feierte eine im Umkreis von 50 km beachtete Praxiseröffnung, bekam einen Kredit für nötige Anschaffungen, ersann einige Werbe-, PR- und Marketing-Maßnahmen, die ihr genügend Klienten sicherten, und arbeitete vom ersten Tag an bei voller Auslastung und gutem Verdienst. Im ersten Jahr ihrer Arbeit konzentrierte sie sich vor allem auf die Gesundheitsvorsorge und -pflege, um nicht in die Situation zu kommen, kranken Menschen keine Hilfestellung geben zu können. Ein willkommener Nebeneffekt bei dieser Tätigkeit war, dass sie durch ihr erfolgreiches Tun ein enormes Selbstbewusstsein bekam und nun erfuhr, was alles sie schon konnte. Sie musste ihre Aufmerksamkeit nicht mehr auf das richten, was sie noch nicht konnte, sondern erlernte fast ganz nebenbei noch einige andere Therapien, die sie dann in den folgenden Jahren automatisch in ihre Arbeit integrierte. Während der ganzen Zeit war es ihr möglich, mit all ihren Sinnen und ihrer ganzen Sinnlichkeit zu handeln.

Es sind die Werte des Herzens, die dem kognitiven Blick entgehen: Glaube, Hoffnung, Liebe, Zuversicht, Hingabe. Jeder Mensch trägt die Sehnsucht in sich, sein Ideal zu verkörpern.

Barrieren und ihre Überwindung

> Wir müssen erwachen zum Mut
> zum eigenen Lebenssinn.
>
> (Otto Zsok)

Die Kunst der Sinnlichkeit zu leben ist immer dann leicht, wenn alles Ablenkende wegfällt, wenn wir in unsere natürliche Verfassung zurückkehren, in den Zustand der Wachheit mit allen Sinnen, der Einfachheit und damit des Gewahrseins im Augenblick, der Präsenz.

Es ist eine Entscheidung, die wir zu fällen haben, wenn wir die Kunst der Sinnlichkeit leben wollen. Eine Entscheidung für ein Leben mit Sinn und Sinnlichkeit. Diese Entscheidung können wir, wenn wir unsere Ängste überwinden, in Freiheit fällen und sie als Chance nehmen. Denn es sind häufig diffuse Ängste, die uns davon abhalten, uns mit unserer ganzen Sinnlichkeit in dieses Leben einzubringen und darin einen Sinn zu finden. Angst ist die größte Barriere für ein sinnliches Leben.

Die vier Grundformen der Angst

Unzählige typologische Einteilungen des Menschen sind sowohl in der Medizin als auch in der Psychologie bekannt. Ich wähle hier die vier Temperamente, die uns aus dem antiken Griechenland überliefert wurden und mit den vier Grundkräften der Erde (Feuer, Wasser, Luft und Erde) sowie mit den vier Grundkräften des Kosmos (siehe weiter unten) korrespondieren. Fritz Riemann hat in einem Modell die vier Grundformen der Angst beschrieben, aus denen sich gleichzeitig vier psychologische Persönlichkeitstypen herleiten lassen:

❁ Der *schizoide* Typus entspricht dem Temperament des Cholerikers, dem Element Feuer.

- ❁ Der *depressive* Typus entspricht dem Temperament des Phlegmatikers, dem Element Wasser.
- ❁ Der *hysterische* Typus entspricht dem Temperament des Sanguinikers, dem Element Luft.
- ❁ Der *zwanghafte* Typus entspricht dem Temperament des Melancholikers, dem Element Erde.

Wie der Kosmos haben auch wir Menschen vier Grundkräfte in uns vereinigt, die den vier Elementen der Erde und den vier Temperamenten entsprechen:

- ❁ Kraft der Eigendrehung
  So wie die Erde sich um die eigene Achse dreht, führt uns diese Kraft in die Egozentrik. Der Choleriker, der *schizoide* Typus, wird durch diesen Pol der Ich-Kraft bestimmt.
- ❁ Kraft der Fremddrehung
  Sie entspricht im Kosmos der Drehung der Erde um die Sonne und geht von ihr aus. Dieser Pol führt beim Menschen in Fremdbestimmtheit, zu Aufopferung und Hingabe. Er bestimmt den Phlegmatiker, den *depressiven* Typus. Altruismus ist seine Antriebsfeder.
- ❁ Fliehkraft
  Sie wird im Kosmos durch die Schwerkraft in Schranken gehalten und ist der Pol der Veränderungen. Er drängt den Menschen zur Neuerungssucht, zur Suche nach immer neuen Erfahrungen. Sie führt zu revolutionärem Verhalten. Den Sanguiniker, den *hysterischen* Typus, leitet diese Kraft.
- ❁ Schwerkraft
  Sie ist auf Bewahrung ausgerichtet. Ein Mensch, der von dieser Grundkraft geprägt ist, möchte alles unter Kontrolle halten, alles seiner Macht unterwerfen. Sicherheitsbedürfnis und der Wunsch nach Dauer formen sein Leben. Es ist der Melancholiker, der *zwanghafte* Typus, der von diesem Pol gesteuert wird. Klarheit und Zuverlässigkeit sind ihm oberstes Gebot.

Jedem »Typus« sind neben typischen Entwicklungsmöglichkeiten ganz bestimmte Ängste zu eigen. Um ein sinnvolles, sinnliches Leben führen und bestehen zu können, geht es darum, jeweils den Gegenpol des eigenen Temperamentes zu erkennen und zu integrieren. Jeder Mensch verfügt über alle vier Temperamente, über alle vier Grundkräfte. Jedoch sind in der Regel ein oder zwei besonders ausgeprägt und bestimmend. Die Abspaltung einer der vier Grundkräfte führt mit der Zeit genauso in Krankheit und Leid, in ein fremdbestimmtes Leben, wie die zu starke Überbetonung *eines* Pols.

Bitte denken Sie jetzt nicht: Was habe ich mit schizoiden Eigenschaften oder mit Zwanghaftigkeit zu tun, was mit Hysterie oder Depressionen.

Es geht hier nicht darum, psychische Krankheiten aufzuzeigen, sondern darum, Tendenzen der eigenen Persönlichkeitsstruktur und ihre Gefahren im Hinblick auf Überbetonungen, Festlegungen, »Lebensverhinderer« und immanente Ängste zu erkennen. Und jeder Mensch hat die eine oder andere Tendenz mehr oder weniger in sich ausgebildet.

Der *schizoide* Typus lebt oft in der Angst, seine Unabhängigkeit zu verlieren. Er lässt sich nicht gern auf tiefe, enge Beziehungen ein, da sich sein Hauptinteresse um ihn selbst dreht. Andererseits hat er ein tiefes Bedürfnis nach menschlicher Nähe und Wärme. Er möchte dazugehören, ohne zu viel von sich preisgeben zu müssen. Deshalb hält er sich gerne in Gruppen auf, in denen er anonym bleiben kann, aber dennoch gemeinsame Interessen vorfindet. Dieser Mensch ist eher misstrauisch, er ist ein Bedenkenträger, der sich nicht gern wirklich bindet, eher unnahbar wirkt, unerreichbar und bei sehr einseitiger Ausprägung dieses Temperamentes manchmal sogar aggressiv oder zumindest schroff. Empathie ist nicht seine Stärke. Durch Provokation versucht der schizoide Typ manchmal, Kontakt aufzunehmen, da ihm dieser Weg leichter fällt, als wirkliche Zuneigung zu zeigen oder gute Gefühle für andere Menschen zu äußern. Er hat Angst vor Hingabe, klinkt sich plötzlich aus Beziehungen innerlich aus, da sie seine eigene Innenwelt berühren und enthüllen würden. Durch fehlendes Mitgefühl für andere kann er sich auch nicht besonders gut in die Innenwelt anderer Menschen hineinfühlen. Zwar fehlt ihm gefühlsmäßig dadurch einiges im Leben, aber dies versucht er durch ausgeprägte intellektuelle Fähigkeiten auszugleichen. Verstand ist das, worauf er baut. Ge-

Wenn wir nach den Charakteristika von Liebe fragen, die für jede ihrer Formen zutrifft, dann finden wir zumindest zwei: ein Bewusstsein des Zusammengehörens und die aus dem Herzen kommende Annahme dieses Zusammengehörens mit all seinen Folgen. Diese zwei Charakteristika sind für jede Art von Liebe typisch, von der Liebe zur Heimat bis zur Liebe zu einem Haustier.

(David Steindl-Rast)

fühle sind nicht seine Sache! Häufig zerstört er sie durch Ironie, Zynismus und Sarkasmus.

Ein Mensch mit ausgeprägten schizoiden Zügen »flieht« vor anderen Menschen. Er erlebt durch die Liebe eine Gefährdung seines eigenen Ichs.

Der *depressive* Typus bildet den Gegenpol zum schizoiden Typus. Sie könnten viel voneinander lernen und fühlen sich, sofern diese Charakterzüge nicht zu sehr ausgeprägt sind, sogar zueinander hingezogen. Der Mensch mit vorwiegend depressiven Charakterzügen hat geradezu Angst vor Eigenständigkeit. Sein ganzes Sein dreht sich um andere, um Hingabe bis zur Aufopferung. Er kann sich selbst nur annehmen, wenn er sich um andere kümmert. Kaum äußert er eigene Wünsche, erwartet aber unbewusst, dass ihm diese »von den Augen abgelesen« werden. Es sind seine permanent unerfüllten Erwartungen an andere, die ihn tief in seinem Inneren unglücklich sein lassen. Möchte er doch so gerne lieben und seine Liebe erwidert wissen! Seine größte Angst ist jedoch die Angst, verlassen zu werden.

Wenn du den anderen brauchst, weil du glaubst, ohne ihn nicht lebensfähig zu sein, hast du schon verloren: deine Unabhängigkeit. Für den anderen verlierst du deine Attraktivität. Er spürt deine Schwäche und verliert den Respekt.

(Verfasser unbekannt)

Der *depressive* Typus lebt nur durch andere, sein Selbstwertgefühl ist abhängig von Zuneigung, Nähe, Verschmelzung. Sicherheit verwechselt er immer wieder mit gegenseitiger Unfreiheit. Erwachsen und eigenständig zu werden, ist seine Sache nicht. Sein Ich ist wenig entwickelt, er will immerzu »gut« sein und hält Egoismus für eine schlechte Eigenschaft, Bescheidenheit und Selbstlosigkeit hingegen für *die* Tugenden überhaupt. Eigenständigkeit scheint für diesen Menschen mit Einsamkeit einherzugehen, deshalb versucht er, möglichst entweder selbst abhängig zu bleiben oder aber andere von sich abhängig zu machen. Nicht bewusst ist ihm dabei die Tatsache, dass er glaubt, etwas zu opfern, was er im Grunde noch gar nicht entwickelt hat, nämlich sein Ich. Depressive Menschen meinen, im Leben immer zu kurz zu kommen. Neid auf andere, die sich vom Leben zu nehmen scheinen, was gut für sie ist, folgt fast zwangsläufig aus dieser Einstellung zum Leben. Erpresserische Neigungen begleiten diesen Charakterzug, indem diese Menschen bei anderen Schuldgefühle erzeugen. Das kann so weit gehen, dass

Krankheit als Waffe eingesetzt wird, so dass Partner dieser Menschen eine Verantwortung aufgebürdet bekommen, der sie nicht gewachsen sind. Depressive Menschen schaffen es – ohne es zu wollen –, andere total zu zermürben. Es sind immer »die anderen«, die am eigenen Glück oder Unglück »schuldig« werden. Das Ich dieser Menschen ist so wenig entwickelt, dass sie nur durch andere eine Lebensberechtigung spüren. Wie viel Macht sie dadurch über Menschen ausüben, ist ihnen nicht klar. Dass sie verlassen werden, ist oft eine Folge.

Selbstmitleid und Wehleidigkeit kennzeichnen den depressiven Typus. Die eigene Befindlichkeit stellt er trotz seines »Kreisens um andere« immer in den Vordergrund. Aber dies, indem er jammert, klagt und lamentiert. Das Gefühl und manchmal auch die Tatsache, von anderen ausgenutzt zu werden, begleitet sein Leben.

Im Grunde will er lieben und geliebt werden. Dass aber nur ein Mensch wirklich lieben kann, der auch sein Ich entwickelt hat, der weiß, was ihm zusteht, der gelernt hat, dass Geben und Nehmen zusammen gehören, das ist diesem Menschen nicht bewusst. **Selbstaufopferung ist nichts als ein Trick, andere zu quälen.**

Der *hysterische* Typus entspricht dem Temperament des Sanguinikers, dem des Schmetterlings, der Luft, dem »Überall und Nirgends«. Luft ist fast überall, verbindet sich aber nicht so leicht mit anderen Elementen, sondern verbindet die Elemente miteinander. Luft ist sozusagen immer vermittelnd tätig. Der Vorgang der Atmung macht das deutlich. Durch die Luft sind wir in einem ständigen Austausch mit allen Pflanzen, Tieren und Menschen auf der Erde. Flüchtigkeit kennzeichnet das Element der Luft. Und Flüchtigkeit kennzeichnet auch den hysterischen Menschentyp. Sein Dreh- und Angelpunkt ist die Veränderung. Diese Menschen neigen zu revolutionärem Verhalten, zur Suche nach immer neuen Erfahrungen. Das sanguinische Temperament ist eigentlich ein urkindliches. Kinder hüpfen von einem Eindruck zum anderen, können nur schwer Ablenkungen widerstehen und bei einer Sache bleiben. So ist auch der Sanguiniker ständig in Gefahr, von seinen Seelenkräften bestimmt zu werden. Er lebt gern in seinen Vorstellungen und Bildern, gibt sich dem Auf und Ab seiner Gefühle hin, interessiert sich für vieles, ist schnell begeistert, aber auch genauso schnell den Dingen gegenüber wieder gleichgültig. Er ist innen wie außen sehr beweglich. Die Gefahren seines Temperamentes sind Unersättlichkeit und Flatterhaftigkeit bis hin zur chaotischen Narretei und Irrsinn. Seine

Angst ist Angst vor Ordnung, Regeln, Freiheitsbeschränkungen. Er biegt sich die Realität zurecht, ist extrem anpassungsfähig, aber es fällt ihm schwer, sich für etwas zu entscheiden. Endgültiges ist seine Sache nicht, Flucht dann meistens seine Wahl. Für ihn hat alles Neue, alles Unbekannte einen ungeheuren Reiz. Er ist fasziniert von den Möglichkeiten des Lebens und entspricht ganz unserer heutigen »Options-Gesellschaft«: Es könnte doch noch etwas Besseres kommen. Die Angst vor dem Notwendigen, dem Endgültigen, dem Begrenzenden macht ihn rastlos. Er möchte frei sein von Begrenzungen, ihm ist jedoch nicht bewusst, *wozu* er diese Freiheit eigentlich nutzen will. Damit verstrickt er sich leicht in Scheinfreiheiten, steckt den Kopf in den Sand, um die Wirklichkeit nicht sehen zu müssen. Schnelle Wunschbefriedigung ist sein treibender Motor. Er hat Angst, nicht liebenswert zu erscheinen.

Wer heute den Kopf in den Sand steckt, knirscht morgen mit den Zähnen.
(Verfasser unbekannt)

Das Wort »Verantwortung« bleibt manchem Hysteriker zeitlebens ein Fremdwort. Auf die Fragen des Lebens wirklich zu antworten fällt ihm schwer. Er müsste sich festlegen und zieht es deshalb vor, nicht zu antworten, keine Ver-antwort-ung zu übernehmen. Hysteriker sind Meister im »Schuldverschiebespiel«. Die Umstände, das Schicksal, die Lebenspartner, die Kollegen, die Vorgesetzten ... usw. – sie alle sind schuld an dem, was sich dem Sanguiniker in den Weg stellt. Als letzten Ausweg sieht er oft die Flucht in die Krankheit.

Er-Lebenshunger kennzeichnet das Verhalten des Hysterikers genauso wie der Wunsch, bewundert zu werden. Hysteriker fordern viel vom Leben und viel von ihren Mitmenschen. Ihre Bereitschaft, zu geben, ist nicht besonders stark ausgeprägt, Verzicht zu leisten nicht ihre Sache.

Die eigentlichen Entdeckungsreisen bestehen nicht im Kennenlernen neuer Landstriche, sondern darin, etwas mit anderen Augen zu sehen.
(Marcel Proust)

Der *zwanghafte* Typus ist ein Mensch, der sich allein durch seine Körperlichkeit, durch Verhaftetsein an der Materie oft selbst im Wege steht. Es ist das Element der Erde, das ihn prägt, das Temperament des Melancholikers. Und Erde ist schwer zu bewegen, fest, manchmal hart. Melancholie ist eine Charaktereigenschaft, die diesen Menschen prägt. Er ist in Gefahr, in

Trübsinn und Leid stecken zu bleiben. Manchmal ist er starr und unbeweglich. Wenn es darum geht, mitzuleiden, fühlt sich der Melancholiker in seinem Element. Seine Grundhaltung ist geprägt von Treue und Vernunft. Er will immer alles richtig machen. Gelassenheit ist für ihn ein Fremdwort. Aggressionen hält er lieber zurück.

Er hat Angst vor Tod und Vergänglichkeit, vor Spontaneität und Wandel. Leidenschaft erschreckt ihn zutiefst. Er ist der Gegenpol zum Sanguiniker.

Zwang hat immer etwas mit Macht zu tun, mit Kontrolle. Es ist deshalb für den zwanghaften Menschen die größte Angst, dass die Dinge sich seinem Einfluss, seiner Überwachung entziehen. Risiken und Veränderungen sind seine Sache nicht! Er möchte Sicherheit und Beständigkeit. Dass alles im Leben zu Ende geht, sich ständig verändert, das will ihm nicht in den Sinn. Deshalb hat der Zwanghafte auch extreme Angst vor dem Tod. Er ist ein Prinzipienreiter par excellence. An allem, was er sich erarbeitet hat, an allem, was ihm das Leben angenehm und vermeintlich sicher macht, will er festhalten. Zwanghafte Charaktere sind sozusagen die »Totbleiber« des Lebens. Sie opfern ihren festgefahrenen Vorstellungen, wie etwas zu sein hat, all ihre Lebendigkeit, all ihre Sinnlichkeit. Lebensfreude empfinden sie kaum. Zum Lachen gehen sie wahrscheinlich in den Keller. Die Dynamik des Lebens mit seinen sich immer neu entfächernden Möglichkeiten geht an diesen Menschen spurlos vorbei. Leidenschaftliche Liebe macht ihnen Angst, weil sie mit ihrem Willen nicht steuerbar ist. Deshalb agieren sie wenig gefühlsbetont, wirken oft ernüchternd. Bedingungen sind unverzichtbare Regeln für alles, worauf sich diese Menschen einlassen. Ein spontanes Ja ist ihnen fremd.

In der Regel sind Menschen mit stark ausgeprägtem zwanghaften Charakter nachtragend. Sie leben in der Vergangenheit und steigern sich gern in Kleinig-

JA
Meistens sind an unser JA Bedingungen geknüpft. Aber hin und wieder lassen wir uns wie ein Papierdrachen von einem kräftigen Wind mitreißen und sagen uneingeschränkt JA. In solchen Momenten erkennen wir, dass JA die Antwort auf jedes Warum ist. Und ganz plötzlich hat alles einen Sinn. Das JA des menschlichen Herzens ist unsere rückhaltlose Antwort auf die »Verlässlichkeit im Herzen aller Dinge«. Sobald wir uns darauf verlassen und JA sagen, werden wir, was wir sind. Unser wahres Selbst ist das JA.
(David Steindl-Rast)

keiten hinein. Dinge aus einer anderen als der eigenen Perspektive zu betrachten fällt ihnen schwer. Humor ist ihre Sache nicht! Melancholiker sind oft gehemmt, selbstkontrolliert und perfektionistisch. Was »man« nicht tut und nicht darf, ist ihnen wichtiger als ihre eigene Erfahrung. Sinnlichkeit ist für sie wahrscheinlich ein Fremdwort, da viel zu lebendig.

Sein Leben grübelt er seitdem, warum ihm dies geschah von wem.
(Christian Morgenstern)

Selbstwertgefühl

Jeder der oben beschriebenen Typen trägt in sich selbstverständlich nicht nur typische »Verhinderer« und Ängste, sondern auch typische Möglichkeiten, Aufgaben und Fähigkeiten. Es ist unsere Entscheidung, unser Augenmerk mehr auf die »Fallen« und daraus resultierenden Beschränkungen und Ängste, oder aber auf Chancen unserer jeweils besonders ausgeprägten Charaktereigenschaft zu legen. Darin liegt ja gerade die menschliche Freiheit, uns auch zu unseren mit in die Welt gebrachten, vielleicht aus dem »Erbstrom« übernommenen Charaktereigenschaften so oder anders zu verhalten. Darin liegt die Chance, »vom Typ zum Original« zu werden, wie es der Existenzanalytiker Uwe Böschemeyer beschreibt. Darin liegt unsere Ver-antwort-ung, das heißt unsere Möglichkeit, auf unser Sosein zu antworten. Gut entwickelte Sinne sind Voraussetzung für das Gewahrwerden eines Selbstwertes und ermächtigen uns, Barrieren, die Sinn und Sinnlichkeit im Wege stehen, zu überwinden.

Selbstwertgefühl des schizoiden Typus

Ein Mensch mit schizoider Prägung ist – wie gesagt – ein Ich-Mensch mit dem Temperament des Feuers, des Cholerikers. Alles in seinem Leben dreht sich zunächst um ihn selbst, um seine Individualität. Darin liegt die Chance großer Unabhängigkeit und Eigenständigkeit. Dieser Mensch kann souverän selbständig sein. Er hat in der Regel sehr viel Mut, ist sachlich, unbestechlich und kritisch. Von Sentimentalität sind diese Menschen verschont. Sie lassen sich nicht durch Traditionen und Dogmen einengen und sehen die Dinge so, wie sie sind, real, klar und kompromisslos. Riemann sagt: »Schicksal ist ihnen etwas zu Überwindendes.« Sie sind in der Lage, alles, was sie sich vornehmen, durchzuhalten.

Es wird dem Selbstwertgefühl dieses Menschen gut tun, wenn er in kleinen Schritten lernt, seine Gefühle zunächst auszusprechen. Er muss ja nicht mit den tiefsten, innersten Gefühlen beginnen, sondern kann damit anfangen, einem lieben Menschen zu sagen, was er an ihm schätzt. Er kann sich bemühen, innerlich am Leben anderer zu partizipieren und sich in sie hineinzufühlen. Die Welt durch die Brille der anderen zu betrachten, ist eine gute Übung, die den eigenen Horizont erweitert und den Blick für die verschiedensten Sinnmöglichkeiten öffnet.

Wenn dieser Mensch sich bemüht, die Leistungen anderer Menschen zu achten und zu schätzen, wenn er sich auferlegt, öfter mal zu schweigen und wirklich zu hören – mit allen »vier Ohren« –, wenn er sich berühren lässt – und sei es zunächst durch intuitive Massagen –, dann wird er seine Einseitigkeiten überwinden lernen. Dann wird er Motor für Gleichgesinnte sein können und seine Angst vor Hingabe und Nähe bezähmen können. Entwickelte Sinnlichkeit ist eine Vorbedingung, Sinn in dieser Weise zu erfahren.

Sollten Sie sich in einigen Zügen dieses Typus wiedererkennen, so haben Sie die Chance, sich in kleinen Schritten den auch in Ihnen vorhandenen Gefühlskräften zu öffnen und mit dem Erkennen Ihrer Ängste diese zu überwinden und sie für Ihr persönliches Lebensglück zu bewältigen. Ich kann Ihnen versichern, Sie werden Ihre Unabhängigkeit dabei nicht verlieren, sondern sie als Kraft erleben, sich anderen Mensch zu öffnen, sich in ihnen und durch sie zu erkennen, um dadurch ein *Wir* bauen zu können.

Ihre Aufgabe heißt: Fühlen lernen. Achten Sie auf Ihren Körper, auf Ihre Empfindungen und Empfindlichkeiten! Fragen Sie sich, was sie Ihnen sagen wollen, und *erleben* Sie die Wirklichkeit, ohne zu viel darüber nachzudenken. Es sind die zwischenmenschlichen Beziehungen mit all ihrer Zuneigung, Freundschaft, Liebe, mit all ihren Leidenschaften und Ängsten, die

Ohne Gefühle sind wir verloren ...
Der Stellenwert der Gefühle in unserer bewussten wie unbewussten Lebensgestaltung: Der Intellekt hat ein scharfes Auge für Mittel und Werkzeuge, ist aber blind für Ziele und Werte ..., er kann nicht führen, sondern nur dienen, und er ist nicht wählerisch in der Wahl seines Herrn.

(Albert Einstein)

Wirklichkeit – das was wirkt – ausmachen. Versuchen Sie, vom Kopf ins Herz zu gelangen. Das wird Ihr Selbstwertgefühl stärken; denn Kraft, andere zu »tragen«, haben Sie genug!

Selbstwertgefühl des depressiven Typus

Der depressive Mensch ist vom Temperament her eher ein Phlegmatiker. Er versucht wie das Wasser, sich allem, was ihm begegnet, einfach anzupassen, es zu umfließen. Was ihm gar nicht bewusst ist, ist die Kraft des Wassers. Denken Sie nur an Felsküsten und ihre Formationen, wo sich durch die immer während Brandung selbst granitharte Steine haben aushöhlen lassen! Die auflösende Kraft (des Wassers) wird von diesen gefühlsbetonten Menschen meist nicht zur Kenntnis genommen. Wenn sie sich jedoch auf den Weg der Selbsterkenntnis begeben, wird ihnen bewusst werden, wie viel Kraft sie eigentlich haben: die Kraft tiefer Gefühle, tiefen Mitgefühls, die Kraft unbegrenzter Innigkeit, Hilfsbereitschaft und Fürsorglichkeit, die Fähigkeit zu echtem Mitgefühl.

Ihre Lernaufgabe ist es, zu begreifen, dass Geben und Nehmen zusammengehören. Sie müssen lernen, dass sie ein Recht auf Leben haben und nur wirklich geben können, wenn sie auch für sich selbst sorgen. Und um für sich selbst sorgen zu können, bedarf es der Entwicklung aller Sinne und der Antwort auf die Sinnfrage des jeweiligen Augenblicks.

Bloßes Geben ist ebenso ohne Leben wie bloßes Nehmen. Wenn du nur einatmest und es dabei bewenden lässt, bist du tot. Und wenn du nur ausatmest und es dann sein lässt, dann bist du ebenso tot. Leben heißt Geben und Nehmen. Atmen ist ein sich anbietendes Beispiel, aber das gleiche Geben und Nehmen kann überall gefunden werden, wo Leben ist. Es ist ein dynamischer Ausdruck universellen Zusammengehörens.
(David Steindl-Rast)

Sollten Sie bei sich depressive Neigungen feststellen, so machen Sie sich bewusst, dass Sie Ihre Kraft des Einfühlungsvermögens nur dann sinnvoll und ohne Macht ausüben in den Dienst des Lebens stellen können, wenn Sie gelernt haben, eine gewisse Unabhängigkeit zu erreichen, eine Eigenständigkeit. Nur dann ist Ihre Fähigkeit, zu lieben, anderen zuträglich. Geben und Nehmen sind zwei Pole derselben Energie und gehören zusammen wie Tag und Nacht. Wenn es Ihnen gelingt, sich spielerisch und mit Leichtigkeit auf das weite Feld der Meditation einzulassen, können Sie erleben, allein zu sein und doch nicht einsam, sondern all-eins. Sie können entdecken lernen, dass es von Vorteil ist, sich die Interessen anderer vor Augen zu führen, aber auch, dass es nicht nur darum geht, sich um andere zu kümmern, sondern darum, selbst Initiativen zu ergreifen – für sich und für andere. Dazu können andere Menschen Ihnen viele Anregungen geben. Nehmen Sie diese Beispiele an!

Selbstwertgefühl des hysterischen Typus

Dieser Mensch ist geprägt von einer ungeheuren inneren Beweglichkeit und Anpassungsfähigkeit. Er ist sprühend, impulsiv und mitreißend, kann improvisieren, ist offen und neugierig. Aber: *Wer für alles offen ist, ist nicht ganz dicht.*

Wenn der Sanguiniker es lernt, Gegebenheiten und Begrenztheiten des Lebens zu akzeptieren, wenn er für etwas, das er als sinnvoll betrachtet, auch verzichten kann und lernt, sich mitmenschlichen Ordnungen zu fügen, hat er die Möglichkeit, erwachsen zu werden und zu reifen. Wenn dieser Mensch es als Wert erkennt, seine Fähigkeiten verlässlich und verbindlich in Beziehungen – welcher Art auch immer – einzubringen und damit (s)eine Aufgabe zu erfüllen, kann ihm bewusst werden, wie viele Möglichkeiten der Sinneslust und Sinnlichkeit er gerade in der Verbindlichkeit ausleben kann. Er kann dann bereichernde, verbindliche Beziehungen aufbauen, die ihn Sinn und Werte erkennen lassen und dennoch seine Lust zu leben nicht einschränken müssen.

Im Gegenteil, sein Wunsch nach Zuwendung, Anerkennung und Nähe wird befriedigt. Er erlebt den Wert seiner eigenen Identität, indem er verbindlich wird, Verantwortung übernimmt, authentisch wird und nicht länger nur eine Rolle nach der anderen spielt.

Der Sanguiniker sollte Liebe und Anhänglichkeit zu einer ihm wichtigen Person entwickeln lernen. Aus dieser Liebe wird ihm Verzicht leichter fallen, denn er wird erfahren, *wozu* dieser Verzicht sich lohnt.

Sollten Sie Elemente des hysterischen Typus in sich erkannt haben, so versuchen Sie, Ihre Gedanken regelmäßig zur Ruhe kommen zu lassen und sich dann Ihrer Stärke und Ihrer wahren Empfindungen bewusst zu werden. Sie sind im Grunde ein Meister darin, Unterschiede zu einen, vermittelnd und diplomatisch zu sein.

Konzentrieren Sie Ihre Aufmerksamkeit auf Ihre Lebendigkeit, Ihre Anpassungsfähigkeit und Ihre Flexibilität. Nehmen Sie sich aber mehrmals am Tag eine Minute Zeit, um mit allen Ihren Sinnen zu überprüfen, ob das, was Sie gerade tun, wirklich wahr für Sie ist, ob es einen wirklichen Wert für Sie darstellt. Prüfen Sie, worin der Sinn für Sie liegt.

Die Konsequenz und Folge der Unentschiedenheit ist der Verlust der Selbstachtung. Dahinter verbergen sich Feigheit und Angst vor den Konsequenzen, die Handeln hätte. Nehmen Sie jede Entscheidung nicht als Last, sondern als wichtige Aufgabe und glücklichen Umstand an. Ein freies Leben besteht aus einer Landschaft voller Weggabelungen, ein unfreies aus einem Tunnel ohne Abzweigungen.

Selbstwertgefühl des zwanghaften Typus

Wenn der Zwanghafte sich bewusst macht, dass in seinem Sosein ungeheure Kräfte liegen – die Kraft der Ausdauer, des Pflichtbewusstseins, der Treue und Stabilität, die Kraft des Verantwortungsbewusstseins und der Zielstrebigkeit, des ausgeprägten Wirklichkeitssinns –, dann könnte er sich vielleicht auch vorstellen, dass all diese Eigenschaften durch etwas mehr Leichtigkeit und Lebensfreude nicht gleich getilgt werden würden.

Seine Stärke liegt in der Verlässlichkeit. Was ihm fehlt, sind Wärme und Unbeschwertheit, Lust und Spaß am Leben. Der Melancholiker sollte seine Sinne schärfen, indem er seine Vergangenheitsbezogenheit dazu nutzt zu forschen, welche Ereignisse seines Lebens er nicht in der Hand hatte und wie diese sich dennoch entwickelt haben. Dadurch könnte dieser Mensch erkennen und erfühlen, dass er das Leben nicht zwingen kann. Er würde merken, dass sich nichts festhalten lässt. Sein Kontrollbedürfnis würde in gesunde Bahnen gelenkt werden. Er könnte es – zumindest teilweise – leichter aufgeben, könnte die Erfahrung machen, wie gut es ihm tut, spontan etwas zu unternehmen, was ihm Freude bereitet.

Sollten Sie Züge des zwanghaften Typus in sich entdecken, so kann ich Ihnen nur empfehlen, sich ab und zu einmal anders als gewohnt zu verhalten, um dadurch eine neue Erfahrung mit sich selbst zu machen, die Abwechslung, Heiterkeit, Farbe und Leben in Ihr Dasein bringt. Sie müssen sich nicht gleich untreu dabei werden. Aber Sie können den

Sinn erfahren, der in der Veränderung liegt, und die Lust, die mit gelebter Sinnlichkeit einhergeht. Sicher können Sie dann auch verstehen, warum nicht alle Menschen Ihren hohen Anforderungen an Leistung entsprechen können oder wollen. Es wird Ihnen genügen zu wissen, dass es Ihre ganz ureigenste Grundstimmung ist, eher ernst als humorvoll zu sein. Aber Sie werden nicht in die Anmaßung verfallen, das von allen anderen Menschen auch zu verlangen. Wenn Sie die Bereitschaft zum lebendigen Wandel entwickeln, zur Öffnung Ihrer Sinne und zum Leben Ihrer Sinnlichkeit, werden sich Ihnen ungeahnte Türen zu einem bunteren, leichteren und farbigeren Leben auftun. Und Ihr Vertrauen in ein Geführtsein wird wachsen. Es steht nicht alles in Ihrer Macht! Entwickeln Sie ein mitfühlendes Herz für all die Menschen und ihre Schicksale, die nicht Ihren Vorstellungen gemäß leben. Und helfen Sie ihnen, möglicherweise etwas mehr Struktur zu entwickeln. Geben Sie den Ihnen nahe stehenden Menschen die Sicherheit, die Ihrem Charakter innewohnt. Aber geben Sie Ihr Kontrollbedürfnis auf!

In einer sich so schnell verändernden Welt kann nur bewahren, wer zum Verändern bereit ist. Wer nichts verändern will, wird auch das verlieren, was er bewahren möchte.
(Gustav Heinemann)

Werte, Gefühle, Rollen und Masken

Im Spiel unter der Maske aus der
Festung treten – nicht mehr verdecken,
was wesentlich ist
ganz werden
Maske für Maske
Spiel für Spiel
unschuldig wie ein Kind.
(Brigitte Fabian)

Wir bleiben Menschen, wenn wir alle Menschen als unterschiedliche Seiten von uns selbst verstehen.

Wie viele Menschen haben jegliche Orientierung verloren, leben ihr Leben nach Werten, die nicht ihre Werte sind, ohne je darüber nachzudenken. Das Einzige, was sie irgendwann merken, ist, dass sie leiden, dass sie nicht *sich* leben, sondern das, von dem sie glauben, das andere es von ihnen erwarten. Wie viele Menschen habe ich in therapeutischen Situationen erlebt, die einfach nur noch unglücklich und krank waren, weil sie keine Werte, keinen Sinn mehr erkannten, keine Sinnlichkeit in ihrem Leben mehr spürten, weil sie abgeschnitten waren von ihren Gefühlen. Sie lebten nur noch Rollen hinter Masken, die sie nicht einmal im Spiegel betrachtet hatten.

Es ist in Ordnung, Rollen zu spielen im Leben. Aber es ist nicht in Ordnung, es ist unserer Freiheit nicht würdig, Rollen zu spielen, ohne zu wissen, dass es Rollen sind, und schon gar nicht, ohne zu wissen, dass wir Masken über dem Gesicht haben.

Natürlich lebe und agiere ich in einer anderen Rolle, wenn ich meine Aufgabe als Mutter von drei kleinen Kindern erfülle, als wenn ich Chefsekretärin, Vorsitzende eines Gesamtbetriebsrates oder Liebhaberin bin. Masken muss ich mir dabei nicht überstülpen. Alles können Anteile von mir sein, mit denen ich durchaus identisch bin. Je vielschichtiger eine Person strukturiert ist, desto mehr »innere« Personen leben in ihr. Sie alle wollen ihr Recht, drängen nach Leben und haben Lebensberechtigung. Wichtig ist, sich bewusst zu sein, dass jede dieser Personen nur ein Teil von uns ist. Entscheidend ist, sich nicht voll und ganz damit zu identifizieren außer in dem Moment, wo wir diese Rolle »spielen«. Und bedeutend ist, dass wir uns klar darüber werden, worin der Wert jeder einzelnen Rolle für uns selbst liegt und ob sie wirklich ein Teil von uns ist.

Ich kenne unzählige Menschen, die ihr Leben lang Rollen ausfüllen, ohne sich je darüber Gedanken gemacht zu haben, ob diese wirklich zu ihnen gehören, ob sie einen Sinn darin finden können. Sie sitzen dann in therapeutischen Sitzungen da und klagen – meist über andere und die Umstände.

Es gibt aber auch Menschen, die Rollen hinter Masken spielen und diese Masken nutzen, um ihr wahres Wesen zu verbergen. Sinnvoller ist es, sich eine Maske aufzusetzen, um einmal ganz bewusst in eine Rolle zu schlüpfen, die reizt, die wir uns aber nicht (zu)trauen. Dafür sind Masken gut. Sie erweitern unseren Erfahrungshorizont und befähigen uns zu fühlen, was vielleicht noch alles in uns steckt. Masken lassen uns dann bewusst werden und befähigen uns zu einer humorvollen Einstellung uns selbst und dem Leben gegenüber.

Paradoxe Intentionsübungen

Sicher ist es auch Ihnen schon so gegangen, dass Sie die Welt bereits morgens beim Aufwachen nicht in Ordnung fanden. In der Regel suchen Menschen dann nach Gründen, die alle außerhalb von ihnen liegen. Bei näherer Erforschung jedoch kann jeder die Ursache einer solchen Stimmung in seinem eigenen Denken, Verhalten oder Fühlen finden. Es geht jetzt darum, dahin zu schauen, wo wir die Antwort auf folgende Fragen finden:

- ❀ Wozu fordert mich diese Stimmung auf?
- ❀ Was gibt es, das ich mir heute zutraue, damit ich mich gut fühlen kann?
- ❀ Worauf oder worüber kann ich mich freuen?
- ❀ Welche Angst steckt hinter meinem schlechten Gefühl?
- ❀ Wohin kann ich meine Aufmerksamkeit heute richten, um den Sinn dieses Tages, den Sinn meiner heutigen Aufgabe zu erfüllen?
- ❀ Wem kann ich heute womit eine Freude machen?
- ❀ Welche Erwartung blockiert mich?
- ❀ Was gibt mir inneren Halt?
- ❀ Wer steht mir nahe und ist mir Freund oder Freundin? Wer liebt mich? Wen liebe ich?
- ❀ Wodurch kann ich mich von meinem schlechten Gefühl distanzieren, so dass ich nicht von diesem Gefühl bestimmt werde?

An dieser Stelle kann die paradoxe Intention uns zum Lachen bringen. Und das geht wie folgt:

- ❀ Werden Sie sich Ihrer Befürchtungen bewusst. Wenn Sie Angst davor haben, nicht erfolgreich zu sein, dann sagen Sie sich: Ich werde jetzt alles tun, damit meine Misserfolge eintreten. Probieren Sie es aus!
- ❀ Haben Sie Probleme, Struktur in Ihr Leben zu bringen, dann sagen Sie sich: Ich werde jetzt alles tun, um mich noch mehr zu verzetteln, noch mehr Unordnung in mein Leben zu bringen.
- ❀ Fühlen Sie sich einsam und allein, dann nehmen Sie sich vor, nun überhaupt nicht mehr aus dem Haus zu gehen, mit niemandem mehr Kontakt aufzunehmen, sondern setzen Sie sich allein in Ihre Abstellkammer.

✪ Haben Sie Angst, unter der Last Ihrer Aufgaben körperlich zusammenzubrechen, dann nehmen Sie sich vor, beim nächsten Mal, wenn Sie auf die Straße gehen, zusammenzubrechen.

Sie werden feststellen, dass das alles nicht funktioniert, da es Ihnen, selbst wenn Sie es mit aller Konsequenz praktizieren wollen, so komisch vorkommen wird, dass das Gegenteil eintritt:

Sie werden plötzlich wissen, was Sie tun müssen, um erfolgreich zu sein.

Sie werden wie von selbst beginnen, an einer Stelle Ihres Lebens Ordnung zu schaffen, und werden merken, dass äußere Ordnung innere Ordnung und Struktur nach sich zieht.

In Ihrer Abstellkammer werden Sie es nicht lange aushalten. Sehr schnell werden Sie den Entschluss fassen, mit jemandem Kontakt aufzunehmen und sich in die Welt hinaus begeben.

Es wird Ihnen nicht gelingen, auf der Straße einfach zusammenzubrechen. Die Weite um Sie herum wird auch Ihr Inneres weiten. Sie werden vielleicht die Sonne oder das Glitzern der Regentropfen wahrnehmen können, werden tief durchatmen und Kraft schöpfen, da Sie sich, statt zusammenzubrechen, eine Pause gegönnt haben. Ihr Bemühen, zusammenzubrechen, wird Ihnen albern vorkommen.

Dies sollen nur Beispiele sein. Erforschen Sie Ihr Leben, um die Barrieren für ein sinnvolles, sinnliches Leben aufzuspüren, und distanzieren Sie sich dann von sich selbst. Dadurch können Sie Stellung beziehen zu allem, was Ihnen geschieht, zu allen äußeren und inneren Bedingungen. Dadurch werden Sie immer öfter über sich selbst lachen können und werden Humor als Mittel entdecken, allen Schwierigkeiten mit Heiterkeit und Gelassenheit zu begegnen und alle Probleme als Aufgabe zu begreifen.

Selbstverständlich gibt es Lebenssituationen, in denen paradoxe Intentionsübungen nicht angesagt sind und nicht helfen können. Dies sei hier erwähnt, damit ich nicht falsch verstanden werde in dem Sinne, dass Humor ein Allheilmittel sei. Bei wirklich berechtigten Sorgen, bei tiefer Trauer und echten Notfällen ist diese Methode nicht geeignet. Aber segensreich ist sie bei irrational

Ein blaues Glas erscheint blau, weil es alle anderen Farben absorbiert und sie so nicht passieren lässt. Wir nennen das Glas blau, weil es das Blau nicht in sich behält. Es ist also nach dem benannt, was es hergibt, nicht nach dem, was es besitzt.
(Erich Fromm)

aufgeblähten Ängsten und Zwängen eines Menschen, der nur noch um sich selber kreist.

Sie müssen nicht alles auf einmal lösen. Jeder noch so weite Weg beginnt mit dem ersten Schritt, sagen die Chinesen. Machen Sie kleine Schritte, und lassen Sie sich nicht entmutigen, indem Sie meinen, das ganze »Problem Ihres Lebens« auf einmal entwirren zu müssen. Das würde jeden Menschen entmutigen. Tun Sie zunächst das Notwendige, damit das Mögliche geschehen kann und Sie dann das Unmögliche versuchen können.

Richten Sie Ihre Aufmerksamkeit auf das Heile, und machen Sie sich immer wieder bewusst, dass jeder von uns sich seine Welt selbst erschafft. Selbstverwirklichung ist eigentlich nur zu haben über Sinnerfüllung. Und diese definiert sich in der Hingabe an eine Aufgabe, in der wir unsere Identität finden. Identität bauen wir auf durch das, was wir in die Welt einbringen und nicht durch das, was wir der Welt entnehmen. Wenn wir etwas tun, wobei wir über uns selbst hinausschauen, können wir uns am besten selbst verwirklichen.

> *Es gibt erfülltes Leben trotz vieler unerfüllter Wünsche. Es gibt keine heile Welt, aber es gibt viel Heiles in der Welt.*
> (Verfasser unbekannt)

Niemand ist nur für sich selbst verantwortlich, sondern jeder ist Teil der Welt und trägt dadurch auch ein Stück Verantwortung für die Welt. Indem wir uns dessen bewusst sind, suchen wir den Sinn des Augenblicks niemals nur für uns allein zu erfüllen, sondern auch, um eine menschenwürdigere Zukunft für alle zu verwirklichen. Wir alle haben die Kraft, das Leben zu erschaffen, das wir uns wünschen.

> *Wer für nichts da ist, für den ist auch nichts da.*
> (Verfasser unbekannt)

Oft ist es unsere Denkweise, die Barrieren aufbaut. Es ist deshalb unumgänglich, unsere Sinne zu schulen und für neue Denkweisen zu öffnen.

> *Wenn du deine Hände mit Gold füllen willst, musst du die Steine, die du hältst, erst einmal loslassen.*
> (Verfasser unbekannt)

Die Entwicklung
der Sensitivität

Ich kann mit geschlossenen Augen Musik genießen.
Man soll nicht mit den Augen hören.

(Anne-Sophie Mutter)

Vor einigen Tagen war ich zum Geburtstag von Freunden eingeladen und habe seit vielen Jahren mal wieder einen Geburtstag besonderer Art erlebt. Es gab Life-Musik. Einige Gitarristen und Sänger aus Spanien, Argentinien und Chile waren zu Gast. Sie spielten und sangen für das Geburtstagskind. Von ihnen ging eine unbeschreibliche Lebensfreude aus, die auf alle Gäste ansteckend wirkte. Nach den ersten Liedern sangen und klatschten alle Anwesenden mit. Viele schlossen dabei die Augen, und genau das taten auch die Musiker, während sie spielten.

Aus Gesprächen mit meinen Tischnachbarn erfuhr ich dann, welche Sehnsucht nach »Leben« diese Musik in ihnen weckte. Nicht nur ich hatte manchmal Tränen in den Augen.

Warum ich das erzähle? Nun, es ist für mich wieder einmal ein Beweis gewesen, wie sehr wir von echter Sinnlichkeit berührt werden, wie viel Emotionen Sinnlichkeit auslösen kann und wie weit wir im normalen Alltag davon entfernt sind. Das macht unser Leben oft fast »synthetisch«. Solche Feste gehören zur Bewahrung der Sensitivität einfach dazu.

Der Verlust der Sinnlichkeit zieht sich durch alle menschlichen Bereiche, durch unser Privatleben, durch die Arbeitswelt und sogar durch die Technik. Technik war in ihren Anfängen etwas, das sinnlich erfahrbar war.

Technik ist sinnvoll, um Arbeitsabläufe zu erleichtern, perfekter zu machen, Produkte für möglichst viele Menschen erschwinglich zu machen – denn wer möchte heute noch ohne Kühlschrank, ohne Fernseher, ohne Waschmaschine, ohne moderne Verkehrsmittel leben, wer mit Ärmelschonern tagelang Berechnungen durchführen, die ein Computer in wenigen Augenblicken erledigt?

All diese technischen Errungenschaften haben uns Freiräume zur Bewusstseinsentwicklung gegeben – nutzen wir diese Freiräume, oder ist uns das zu lästig? Bewusstsein bereitet oft Schmerzen, es erhöht unsere Sensitivität natürlich in beiden Richtungen: für das, was uns wohl tut, aber auch für das, was uns weh tut.

Diese technischen Errungenschaften haben unser Leben leichter gemacht, aber auch schneller, hektischer, oberflächlicher ... manchmal vielleicht leerer? Zur Entwicklung der Sensitivität tragen sie jedenfalls alle nicht bei.

Denken Sie nur an die alten Verkehrsmittel, die Eisenbahn mit ihrer Dampflok zum Beispiel. Hier konnten wir die ungeheure Kraft noch wahrnehmen, das Dampfen und Zischen, das langsame Beschleunigen der Räder, die anstrengende körperliche Arbeit des Heizers! Erinnern wir uns an die Pferdewagen und Postkutschen, die wohl kaum ein Leser dieses Buches noch persönlich erlebt hat, sondern nur aus Filmen kennt. Aber unsere Fantasie reicht aus, uns die Mühen und Unbilden, das damit verbundene Abenteuer und den gehörigen Zeitaufwand dieser Art zu reisen vorzustellen. Selbst das Reisen im Auto hat ja noch etwas mit einem »Unterwegs-Sein« zu tun. Wir können langsam oder schnell fahren, können Pausen machen und schöne Ausblicke genießen.

Technik war früher vorstellbar, anfassbar, verbunden mit Sinneserfahrungen – der Geruch der brennenden Kohle bei der Dampflok, der schmierige Rußfilm, der Duft schwitzender Pferde, das Poltern der Wagenräder – das Ankurbeln des Motors in den Anfängen der Autoindustrie.

Wo bleibt die Sinnlichkeit, wenn wir heute reisen? Fast fühlt es sich gleich an, ob wir in einem ICE, in einem Aliscaffi (Tragflächenboot) oder einem Flugzeug sitzen und von hier nach dort eilen.

Für das »Unterwegs-Sein« bleibt heute keine Zeit, der sinnliche Genuss oder die sinnliche Beschwerlichkeit der Reise gehen verloren. Uns geht es meistens nur noch ums Ankommen. Als Ersatz haben wir ja teure, »supergalaktische« Kreuzfahrtschiffe, auf denen wir dann konsumieren und uns krank essen können.

Welch' sinnlich erhebendes Erlebnis ist es dann, das überflüssige Fett an den Maschinen eines Fitness-Studios wieder abzutrainieren – anstatt uns in der Natur zu bewegen! Treppen laufen statt Fahrstuhl fahren! Ja selbst beim Zähneputzen brauchen wir den Arm nicht mehr zu bewegen, da die Zahnbürste elektrisch ist. Auch die Pille gegen überflüssige Pfunde ist längst erfunden! Mit Sensitivität, mit Achtsamkeit hat das alles nichts zu tun. In der Berufswelt ist die Sinnlichkeit fast ganz verschwunden.

Heute gibt es einen Mangel an Studenten der Elektrotechnik. Warum ist das so? U. a. sicher auch, weil den Studenten die Sinneserfahrung, die Sinnlichkeit und deshalb die Erfahrung des Wertes ihrer Arbeit verloren geht. Das macht dieses Studium zunächst nicht mehr so attraktiv, da es einem Urbedürfnis des Menschen, nämlich dem der Sinnlichkeit, nicht genügt.

Dazu kommt die allzu schnelle Vergänglichkeit der heutigen Güter. Was heute produziert wird, muss oft innerhalb eines halben Jahres sein Geld verdient haben (z. B. Mikrochips), denn dann ist die technische Entwicklung bereits wieder darüber hinweggegangen.

Das Erlebnis der Nachhaltigkeit geht immer mehr verloren und damit das Gefühl, etwas wirklich Sinnvolles zu schaffen, an dem wir unsere Sinnlichkeit ausleben können. Bastler-Läden boomen, weil ganz offensichtlich ein enormes Bedürfnis besteht, sinnliche Erfahrungen auch im Bereich der Technik zu machen.

Es werden – wie früher – wieder alte Radios ausgeschlachtet und neu zusammengebaut: Da glühen Röhren, man bekommt – wenn man nicht aufpasst – einen Schlag von den Kondensatoren, es gibt wieder etwas zu löten, wobei man den Geruch von Kolophonium (Lötharz) in der Nase hat, man kann sich die Finger an den (zu) heißen Röhren verbrennen, sich am Chassis aus Blech – für die Füße und Röhren – schneiden –, insgesamt ein schwieriges, aber doch *sinnliches* Erlebnis.

Heute kauft man einen Chip, steckt ihn ein und programmiert die Funktion – fertig.

Dies ist *eine* These, warum es in den USA und zunehmend auch bei uns einen Mangel an Elektroingenieuren gibt. Ich könnte mir vorstellen, dass das zumindest wirklich *ein* Grund dafür ist.

Sicherlich können wir die Entwicklung in diesem Bereich nicht zurückdrehen, denn die Perfektion dieser Techniken hat uns ja auch sehr viele Annehmlichkeiten und Erleichterungen gebracht. Aber das Eingangstor für Sinnlichkeit sind nun einmal unsere Sinne. Sinn und Sinnlichkeit sind im Grunde gar nicht voneinander zu trennen. Einer der ersten Industriezweige, in die wieder Sensitivität, Handarbeit und Sinnlichkeit eingebracht werden kann, ist die Lebensmittel-Erzeugung und

-Herstellung (als Buchtipp sei hier »Pures Leben« von Karl Ludwig Schweisfurth empfohlen).

Eintauchen in den Augenblick

> *Das Glück des Lebens kann niemand schmieden,*
> *immer nur das Glück des Augenblicks.*
> (K. Heinrich Waggerl)

Schon morgens beim Aufwachen können wir beginnen, unsere Sensitivität zu schulen.

Wir können aus dem Bett springen, wenn der Wecker klingelt, oder aber uns einige Minuten Zeit nehmen, in den Tag, ins Hier und Jetzt zu kommen.

Warum nehmen sich die meisten Menschen keine Zeit, in sich hineinzufühlen, sich zu fragen:

⊛ Wie geht es mir? Was habe ich geträumt, zu welcher Sinnerfüllung ruft mich der Traum auf? Welche Sinnfrage stellt er mir? An welche Pflicht erinnert er mich?

⊛ Worauf freue ich mich heute?

⊛ Was habe ich Dringendes zu erledigen?

⊛ Was werde ich tun, wozu ich keine Lust habe? Kann ich es tun, weil es der Moment von mir verlangt, ohne damit zu hadern, ohne darüber zu lamentieren, einfach, weil es notwendig ist?

⊛ Was will ich Gutes tun, ohne jemandem etwas davon zu erzählen, einfach nur für mich, weil es mir gut damit geht?

⊛ Was kann ich heute als Erstes tun, damit der Tag gut für mich beginnt?

Lassen Sie sich bei allem Stress, der Sie vielleicht an diesem Tag erwartet, zumindest einige Minuten in sich hineinsinken. Recken, strecken und dehnen Sie sich dann, bevor Sie aus dem Bett hüpfen, und genießen Sie zumindest die erste Viertelstunde des Tages. Schreckensnachrichten dieser Welt können Sie später hören oder auch erzählt bekommen. Ich habe die Erfahrung gemacht, dass alles Wichtige auf irgendeine Art und Weise sowieso zu uns kommt. Und sei es, dass es uns jemand im Laufe des Tages erzählt.

Es gibt viele Möglichkeiten, den Tag zu beginnen:

❀ Morgens in die Natur gehen und ganz bewusst die täglichen Veränderungen wahrnehmen.

❀ Sich kurz ans geöffnete Fenster stellen und einige tiefe Atemzüge nehmen.

❀ Schauen, fühlen, riechen, wie das Wetter ist, und sich innerlich darauf einstellen, es zu genießen – egal, ob Sonne, Regen, Wärme, Kälte oder Wind.

Wie wir mit dem Wetter umgehen, ist eine Frage unserer Einstellung. So kann es am Wochenende unglaublich gemütlich sein, wenn es draußen nass und kalt ist. Sie können sich zu Hause einkuscheln, ohne das Gefühl zu haben, wegen des schönen Wetters raus zu »müssen«. Irgendwann, wenn Sie dann genug »gekuschelt« haben, machen Sie einen kleinen Spaziergang – vielleicht im Regen, und halten Sie Ihr Gesicht ins kühle Nass. Das tut der Haut gut, Sie werden sich frisch und durchgelüftet fühlen und können dann Ihr Heim und alles, was Sie dort noch tun wollen, umso mehr genießen. Selbst wenn es Ihnen vorher kalt in Ihrer Wohnung vorkam, was in der Übergangzeit von Winter zu Frühling oder Herbst zum Winter oft so ist, wird Ihnen die Raumtemperatur wieder angenehm warm vorkommen.

Um in den ersten Augenblick des Tages einzutauchen, bieten sich verschiedene Wege an:

❀ Einige Menschen gehen eine halbe Stunde in eine Kirche, um dort ganz still und allein mit sich und den eigenen Gedanken oder Gebeten zu sein, oder sie nehmen an einer Frühmesse teil.

❀ Wieder andere meditieren, machen Morgengymnastik, Tai Chi oder Yoga-Übungen.

Ob Sie sich zuerst Ihrer Körperpflege widmen und dabei ganz bewusst das warme Wasser der Dusche oder des Bades und den Duft der – hoffentlich naturbelassenen – Pflegemittel und Badezusätze wahrnehmen, Ihre Haut beim Eincremen streicheln oder es genießen, sich hübsch zu machen und sich dann gut zu fühlen. Ob Sie Ihre Aufmerksamkeit zuerst einem Haustier widmen, das sich über Ihr Erwachen freut, oder Ihre Pflanzen begießen und pflegen – wichtig ist es, in den Augenblick des Erwachens *ganz* einzutauchen, ihn bewusst wahrzunehmen und mit Erfahrungen zu füllen, die Sie genießen, über die Sie sich freuen können.

Eintauchen in den Augenblick heißt auch, sich etwas Sinnliches zum Essen zuzubereiten. Das Auge isst bekanntlich mit. Aber nicht nur das

Auge, auch unsere Nase ist ein Sinnesorgan, ohne das wir Essen gar nicht wirklich genießen können. Nehmen Sie sich die Zeit, Ihren Tisch schön zu decken. Achten Sie auf die Harmonie der Farben von Servietten, Tisch- oder Platzdecken, von Geschirr, Kerzen und Blumen. Nehmen Sie sich die Zeit, eine Minute vor dem Essen innezuhalten, sich bewusst zu machen, wie es riecht, wie es aussieht und wie viel Hunger Sie eigentlich haben. Und freuen Sie sich dann auf den Genuss! Essen Sie langsam und bewusst. Kauen Sie so lange, bis alles wirklich zu einem flüssigen Brei in Ihrem Mund geworden ist, bevor sie es schlucken.

Werd ich zum Augenblicke sagen:
Verweile noch! Du bist so schön!
Dann magst du mich in Fesseln schlagen,
dann will ich gern zugrunde gehen!
(aus Goethes »Faust«)

Muße zulassen

Muse braucht Muße.
(Sprichwort)

Wirkliche Sensitivität kann nur entwickelt werden, wenn wir dem Pol der Ruhe genügend Raum geben. Unsere wichtigste Beziehung ist die Beziehung zu uns selbst. Und zu uns selbst kommen wir am besten in Beziehung, wenn wir Muße zulassen. Ein Gleichgewicht zwischen Aktivität und Ruhe, zwischen Anspannung und Entspannung ist die absolute Voraussetzung für ein sinnliches Leben. In der Hektik des Alltags, im Stress des Berufslebens haben wir nur wenig Gelegenheit, unsere Sensitivität zu entwickeln. Andererseits ist Sensitivität eine Voraussetzung, anderen Menschen hilfreich begegnen zu können und selbst ein Höchstmaß an Lebensfreude zu erlangen.

Das Geheimnis innerer Harmonie liegt darin, sich Zeiten der Muße zu gönnen, in denen wir uns zunächst nur um uns selber kümmern. Das erzeugt Frieden und die Energie, auch anderen gerecht zu werden. Manchmal genügt eine einzige Minute, um unser eigener Beobachter zu werden, eine einzige Minute der Ruhe, in der wir uns aus der Tätigkeit, die wir gerade ausführen, innerlich herausnehmen und innehalten. In diesem Moment können wir in uns hinein horchen, um festzustellen, ob wir aus innerer Ruhe und Wahrheit heraus handeln oder nicht. Dies ist eine Wahrheit, die schon in dem Sprichwort »In der Ruhe liegt die Kraft« zum Ausdruck kommt. Immer dann, wenn Sie in der Hektik oder auch im Ärger des Alltags unterzugehen drohen, können Sie sich fragen, ob dieser Ärger in einigen Jahren noch eine Bedeutung für Sie haben wird. Immer dann, wenn Sie meinen, sich verkriechen zu müssen, sollten Sie es noch am selben Tag tun und sich vielleicht einfach einige Zeit in den Keller, eine dunkle Abstellkammer oder ein kleines WC setzen. Was glauben Sie, wie schnell Sie erkennen würden, wie unsinnig das ist und wie viel leichter es wäre, Zeiten der Muße, in denen Sie regenerieren können, fest in Ihren Alltag einzuplanen, sie so wichtig zu nehmen wie alle anderen Termine auch. In Zeiten der Muße gelingt es uns viel leichter, auch einmal über uns selbst zu lachen; denn wir können erkennen, wie oft wir aus einer Mücke einen Elefanten machen und wie viele Dinge sich im Grunde von selber erledigen. Wir alle nehmen uns in der Hektik des Alltags oft viel zu wichtig!

Überlegen Sie sich, was für *Sie* Muße bedeutet. Heißt Muße, gar nichts zu tun, sondern irgendwo in der Natur zu sitzen und in die Luft zu gucken, oder im Bett zu liegen, den Gedanken, die kommen und gehen, nachzuspüren? Oder heißt Muße, sich mit einem guten Buch ins Bett zu verkriechen, auf dem Sofa zu liegen und Musik zu hören oder ein duftendes, warmes Bad zu nehmen? Muße kann auch bedeuten, sich in einem Museum in ein Bild zu vertiefen, das etwas Besonderes in Ihnen auslöst, oder in einem gemütlichen Café zu sitzen und Leute zu beobachten.

Immer ist Muße dazu geeignet, sich klar über die echten eigenen Bedürfnisse zu werden. In Zeiten der Muße können wir in die Richtung schauen, in die wir aus ganzem Herzen gehen wollen.

Es ist wie bei kleinen Kindern, die Radfahren lernen: Die Mutter oder der Vater rennen nebenher und rufen ständig: »Pass auf, fahre nicht auf das Auto oder gegen den Pfahl dort ...« Und schon ist es geschehen.

Schaue nie in die Richtung, in die du nicht gehen willst.
(Spencer Johnson)

Das Kind schaut und fährt in seiner Aufregung genau dort hin. Hätte es vorher Zeit gehabt, sich die Strecke, die es fahren will, genau anzusehen, wäre das nicht passiert.

Oft werden wir von Dingen angezogen, für die wir uns unglaublich anstrengen, sie zu bekommen, um dann hinterher festzustellen, dass wir sie eigentlich gar nicht brauchen.

Bewusst eingeplante Mußezeiten bewahren uns vor vielen Fehlentscheidungen, weil sie unsere Sinne schärfen, unsere Intuition und Sensitivität schulen und so zu unserem Glück und unserer Lebensfreude beitragen.

Muße heißt: Innehalten, Ausschau halten und auf sich selber hören. Dabei gehen Ihnen mit Sicherheit Gedanken durch den Kopf, die Sie schon lange verdrängt haben. Sei es, dass Sie sich seit langer Zeit schon eine Massage gönnen wollen, sei es, dass Sie Ihre seit Jahren in Kartons gestapelten Fotos sortieren oder Ihre alten Liebesbriefe wieder lesen wollen. Muße ermöglicht, in Erinnerungen zu schwelgen genauso, wie sich die Zukunft zu erträumen. Durch Zeiten der Muße finden Sie zu sich selbst und zu Ihren wahren Bedürfnissen, die Sie dann erst in die Realität umsetzen können, wenn sie Ihnen wieder bewusst werden.

Sie können in Zeiten der Muße Ihre Gedanken kontrollieren und lenken, können Verantwortung für das, was Sie denken, übernehmen und aus den gegebenen Situationen das Beste machen. Sie können »Ihre Brille wechseln«.

Es gehört auch Muße dazu, sich selbst zu pflegen, seine Wohnung schön zu gestalten und Schönes überhaupt wahrzunehmen. In Zeiten der Muße können Sie sowohl für sich selber sorgen – für ein harmonisches Ambiente, für ein strahlendes Aussehen, für ein Gefühl der Lebensfreude – als auch für Menschen, die Ihnen etwas bedeuten. Sie können kleine Aufmerksamkeiten erfinden, können wieder einmal einen wirklich schönen Brief schreiben, auf handgeschöpftem Leinen mit einem Füllfederhalter und duftender Tinte. Sie können Blumensträuße im Frühling pflücken oder buntes Herbstlaub sammeln, mit dem Sie den Esstisch dekorieren, um ein köstliches Abendessen mit Freunden zu genießen. Setzen Sie all Ihre Sinne ein, erinnern Sie sich, was Ihre Freunde besonders gern mögen.

Es braucht Muße, etwas zu lesen, was nicht unbedingt zum täglichen Lesestoff gehört. Ein Thema vielleicht, über das Sie noch nicht so viel wissen, zu dem Sie keine Meinung haben, das Sie jedoch schon lange interessiert. Sie werden erstaunt sein, wie lebendig ein Abend mit Freunden wird, wenn Sie dieses Thema dann zum Gesprächsstoff machen. Sie stärken Ihren Gedankensinn, Ihren Wortsinn und Ihren Sprachsinn. Sie kommen mit Ihrer Intuition in Kontakt, mit Ihrer inneren Stimme, werden sensibler für die Empfindungen der anderen und erweitern Ihren eigenen Horizont.

Die Welt hat so viel zu bieten, wenn wir unsere Sensitivität entwickeln für die vielen Möglichkeiten, unser Leben zu leben.
In Minuten der Muße kann ich durch eine andere Brille schauen, und schon bekommt die Welt ein anderes Gesicht

Rituale entwickeln

Rituale haben nichts mit Gewohnheiten zu tun. Und Rituale sind nichts für gehetzte Zeitsparer! Durch die Einstellung, mit der wir Rituale pflegen, unterscheiden sich diese von bloßen Gewohnheiten. Den größten Teil des Lebens verbringen die meisten Menschen mit Dingen, die sie ohne innere Anteilnahme tun. Das Defizit an innerer Anteilnahme liegt dem Tod vieler Beziehungen zugrunde. Wo die innere Anteilnahme fehlt, wird alles zur Routine: das Aufstehen am Morgen, die Zeit im Bad, das Ankleiden, der Weg zur Arbeit, das Einkaufen, die Arbeit selbst, die Freizeit, das Zu-Bett-Gehen, das Liebesleben, die Gespräche mit dem Partner, den Kindern, den Kollegen, ja das Leben selbst. In solch einer Routine ist keine Zeit für Sinnlichkeit, keine Achtsamkeit, kein Gewahrsein des Augenblicks.

Rituale beleben den Alltag, vertiefen Beziehungen, machen glücklich. Erfinden Sie Ihre eigenen Rituale. Ich will nur ein paar Anregungen geben, denn Ihnen Rituale überzustülpen würde ihren Sinn verfehlen.

Fragen Sie sich, welche lästigen Arbeiten Sie in regelmäßigen Abständen erledigen müssen. Überlegen Sie sich dann, wie Sie sich diese Arbeiten »versüßen« können. Das mag durch eine bestimmte Gute-Laune-Musik geschehen, die Sie jedes Mal während dieser Tätigkeit hören, oder dadurch, dass Sie sich immer, wenn Sie mit dieser Arbeit fertig sind, eine kleine Belohnung gönnen, etwas, das Sie wirklich gerne mögen: zehn Minuten Pause zum Beispiel mit einer guten Tasse Kaffee oder einem besonderen Tee, einem Glas Prosecco oder einer Trüffelpraline.

Eine andere Möglichkeit ist, jemanden zu bitten, Ihnen zu helfen. Das schafft Gemeinsamkeit und Nähe. Danach können Sie zusammen einen kleinen Spaziergang mit wachen Sinnen machen.

Aus meiner Kindheit kenne ich das noch: Die Frauen saßen zur Bohnen- oder Kirschenernte gemeinsam im Hof und entsteinten bzw. ent-

kernten die Früchte. Sie plauderten dabei, erzählten Witze und Ge-
schichten und halfen sich, wenn eine von ihnen früher fertig war als die
andere. Jede zauberte danach ihr eigenes Rezept, aus jedem Haus kam
ein anderer Duft. Gemeinsam mit ihren Familien feierten sie später ein
großes Festessen und tauschten ihre Kreationen aus. Ein Hochgenuss
der Sinnesfreuden! Überhaupt gilt: **Teilen ist Genuss.**

Wie einsam und langweilig ist es heute für viele Frauen und Männer, die allein in ihrer Mini-Küche stehen und 20 Kilo Spargel schälen,
um ihn dann einzufrieren, oder kiloweise Kirschen entsteinen, um
dann Marmelade daraus zu kochen! Von Ritual keine Spur!

Wenn Sie mit einem Partner leben, erfinden Sie Rituale, die Ihnen
bewusst machen, dass jeder Tag ein Geschenk ist. Ein Geschenk an Erfahrungen, ein Geschenk der Gemeinsamkeit und Verbundenheit und
ein Geschenk des Lebens an sich.

Sagen Sie sich – wenn es wahr ist –, dass Sie glücklich sind, beiei-
nander zu sein, dass Sie sich lieben. Kuscheln Sie sich vor dem Aufstehen noch fünf Minuten aneinander. Dafür ist immer Zeit. Wünschen
Sie sich gegenseitig, wenn einer das Haus verlässt, ganz konkret etwas,
das an diesem Tag wichtig für den anderen ist.

Planen Sie jede Woche mindestens eineinhalb Stunden für ein Gespräch zu zweit ein, und zwar an einem ganz bestimmten Tag um eine
ganz bestimmte Zeit. Merken Sie sich einen Ausweichtag vor, falls einer von Ihnen diesen Termin unter gar keinen Umständen einhalten
kann. Und machen Sie aus dieser Zeit wirklich ein Ritual, bei dem Sie
dafür sorgen, dass Sie nicht gestört werden. Seien Sie mit all Ihren Sinnen wach, und sprechen Sie miteinander, indem jeder 45 Minuten lang
dem anderen etwas mitteilt über *sich* und *seine* Erfahrungen und Gefühle dieser Woche, über eigene Sorgen, Nöte, Ängste, Hoffnungen und
Freuden. Teilen Sie dem anderen auch Ihre Wünsche und Hoffnungen
mit, und reden Sie nur über sich selbst. Ihr Partner hört zu, drängelt
nicht, urteilt nicht und gibt auch keine Ratschläge. Bei diesem Ritual
geht es wirklich um das Sich-Mitteilen und das Wahrnehmen des anderen. Darum, den Partner mit allen Sinnen und der ganzen, eigenen
Sensitivität zu be-greifen. Minuten des Schweigens gehören dazu, wenn
derjenige, dessen Zeit es ist zu reden, einige Augenblicke lang stockt.
Schauen Sie sich dann in die Augen, und nehmen Sie den anderen mit
allen Ihren Sinnen auf und wahr: *Lass Schweigen die tragende Welle
sein für das Ungesagte zwischen zwei Gleichgesinnten.*

Michael Lukas Moeller, ein bekannter Paartherapeut, konnte durch jahrelange Forschungen beweisen, dass diese Art der Zwiegespräche ein Aphrodisiakum für jedes Paar ist. Solch regelmäßige Zwiegespräche unterstützen die Achtsamkeit für sich selbst genauso wie die Achtsamkeit für den Partner. Sie bewahren uns davor, die Sensitivität zu verlieren, und sorgen dafür, dass wir in inniger Verbindung bleiben. *Wo die Kommunikation stirbt, stirbt die Liebe.*

Selbst in Zeiten intensivster Arbeit, in denen wir glauben, uns kaum Zeit für Sinnlichkeit oder gar für Rituale nehmen zu können, wirken kleine Rituale Wunder. Es braucht manchmal nur Sekunden der Bewusstheit, und aus einem Abschiedskuss am Morgen kann ein Ritual werden, wenn man sich dabei einen Augenblick wirklich anschaut. Kleine Zettel mit lieben Worten zwischen den Unterhosen, in der Jackentasche oder auf dem Frühstücksteller beglücken oft mehr als ein riesiger Blumenstrauß, der mit einer Fleurop-Karte ins Haus kommt.

Entwickeln Sie Rituale fürs Wochenende oder den Beginn eines gemeinsamen Urlaubs.

Nehmen Sie sich mindestens einmal pro Woche Zeit, Ihren Körper wahrzunehmen. Machen Sie daraus ein Ritual, indem Sie sich bei gedämpftem Licht und entspannender Musik ins Bett legen. Achten Sie zunächst auf Ihren Atem, und lassen Sie sich einfach fließen. Wenn Sie zu aufgekratzt sind, denken Sie beim Atmen für einige Minuten: »Einatmen – ausatmen – Stille«. Schon bald werden Sie merken, wie sich Ihr Atem beruhigt und wie Sie sich dadurch mehr und mehr auf Ihren Körper konzentrieren können. Wie fühlt er sich an? Wo berührt er die Unterlage? Wo ist er verspannt? Wo fühlt er sich lebendig an, wo eher wie tot? Tasten Sie Ihre Haut überall dort, wo Sie hinreichen können. Nehmen Sie die Unterschiede wahr, Wärme und Kälte, Weichheit und raue Stellen, Trockenheit und Feuchtigkeit. Lassen Sie Ihre Hände auf verschiedenen Körperregionen ruhen, und spüren Sie den Energiefluss.

Das alles können Sie auch mit Ihrem Partner machen. Berühren Sie sich gegenseitig. *Er*-fühlen Sie sich! Lassen Sie eine Hand auf dem Kopf ruhen, die andere auf dem Kreuzbein, oder eine auf der Stirn und die andere auf dem Bauch. Das Gleiche kann Ihr Partner bei Ihnen machen, Sie können es bei Ihren Kindern ausprobieren oder bei guten Freunden, denen Sie sich nahe fühlen. Ihr Verbundenheit wird gestärkt, und es tut einfach gut.

Was wir in unserem eigenen Körper nicht finden können, werden wir auch sonst nirgends finden.
(aus den Upanischaden)

Je öfter Sie sich Zeit für solche Rituale nehmen, desto intensiver werden Sie Ihre Sinnlichkeit erfahren, desto differenzierter wird Ihre Sensitivität. Ein Wohlgefühl für sinnliche Lebensfreude ist das Ergebnis.

Spielen wieder entdecken

Wer das Leben als »großes Spiel« erlebt wird sich selbst nicht so übermäßig wichtig nehmen, wird weniger leiden, dafür mehr Optimismus und Lebensfreude erfahren.

»Alles ist viel zu ernst, viel zu schwierig, als dass ich das Leben als Spiel betrachten kann«, wenden Sie ein? Das ist verständlich angesichts des immer schnelleren Tempos unserer Zeit, in der wir durch all unsere »Zeitsparmechanismen« keine Zeit mehr haben.

Kinder werden – zumindest körperlich – derzeit schneller erwachsen als früher. Der Wiener Knabenchor z. B. hat große Schwierigkeiten, noch Knaben zu finden. Das liegt, wie ich unlängst gelesen habe, unter anderem daran, dass die Buben heute zwei bis drei Jahre früher in den Stimmbruch kommen. Die Zeit der Kindheit wird zudem verkürzt durch frühes intellektuelles Lernen, durch Beschleunigungserscheinungen (*Akzelerationserscheinungen*) in allen Lebensbereichen. Zum Spielen bleibt immer weniger Zeit.

Im Mittelhochdeutschen bedeutete Spielen so etwas wie »Kurzweil, unterhaltende Beschäftigung, fröhliche Übung«. Aus dem Spielen erwächst uns eine wichtige Kraft: die Kraft der Lebensfreude. Spielen, bei dem es um nichts geht, ist häufig mit Lachen verbunden. Und Lachen ist Labsal für Körper, Seele und Geist. Herzschlag, Sauerstoffversorgung der Zellen und Produktion von Glückshormonen, so genannten Endorphinen, werden positiv beeinflusst.

Wenn sich Ihr Leben nur noch um Arbeit, Karriere, Kinderversorgung und Pflichten dreht, wenn Sie schon lange nicht mehr von Herzen gelacht haben und ihre Beziehung langweilig geworden ist, entdecken Sie, wie wohltuend es sein kann zu spielen, einfach »herumzualbern«. Im Spielen können wir unsere Gefühle ausdrücken, unsere Zärtlichkeiten und Aggressionen.

Spiele sollten immer unvermittelt stattfinden, nicht geplant, nicht »bierernst«. Was ich hier mit Spielen meine, sind keine Bridge-Spiele, keine Schachspiele und keine »olympischen« Wettkämpfe. Es geht um Lebensfreude, um Intuition, auch darum, aus aufgeladenen Situationen ein Spiel zu machen. Oder darum, Probleme spielerisch zu bewältigen.

Setzen Sie sich z. B. Pappmasken mit Tiergesichtern auf, und sprechen Sie über ein anstehendes Problem in der Rolle des Tieres, dessen Maske Sie über dem Gesicht haben. Zwar schalten Sie dabei einen Teil Ihrer Sinne aus, aber hinter einer Maske lässt sich so manches leichter sagen.

Tragen Sie spielerisch einen Ringkampf aus, kitzeln Sie sich gegenseitig, oder machen Sie eine Schneeballschlacht.

Auch beim Baden lassen sich herrliche Spiele spielen: Legen Sie sich aufs Wasser und lassen sich durch ein Schwimmbecken ziehen. Lassen Sie sich »tragen«, schieben, hochwerfen und untertauchen.

Imitieren Sie kommentarlos Dinge, die Sie am anderen aufregen, anstatt darüber immer wieder zu schimpfen. Schneiden Sie Grimassen, oder singen Sie einfach einmal das, was Sie dem anderen schon lange »vorwerfen« wollten.

Spielen Sie mit Kindern. Kinder sind hemmungslos ehrlich und ungeniert spontan. Sie zeigen ihre Gefühle unvermittelt, und wir können viel von ihnen lernen, wenn wir sie mit wachen Sinnen beobachten und achten.

Kinder und Narren sagen die Wahrheit, sagt der Volksmund. Und so ist es auch. Kinder sind als einzige menschliche Wesen noch nicht in der Lage, alles auf der Welt herabzusetzen. Sie belehren nicht und wollen nichts beweisen. Sie laufen vielmehr all den sichtbaren und unsichtbaren Dingen entgegen. Es gibt für sie keine Ungewissheit, keine Lächerlichkeit. Deshalb können Kinder so selbstvergessen spielen, wenn sie nicht durch Erwachsene ihrer Fantasie beraubt werden. Kinder vertrauen sich dem Strom des Lebens an, sie denken nicht an die Zukunft und nicht an die Vergangenheit, sondern leben ganz im Moment. Eine Eigenschaft, die den meisten Erwachsenen heute fehlt. Es steht schon in der Bibel: »Wenn ihr nicht umkehrt und wie die Kinder werdet, so werdet ihr nicht ins Himmelreich kommen« (Mt 18, 3). Für Kinder ist

Wer ohne Kinder lebt,
der weiß von keinem Leide,
wer ohne Kinder stirbt,
der weiß von keiner Freude.
(Sprichwort)

das Leben ein Spiel. Spielen Sie deshalb, sooft Sie Gelegenheit dazu haben, mit Kindern oder auch wie Kinder!

Bauen Sie mit Kindern Sandburgen, spielen Sie Verstecken und Fangen, machen Sie Kissenschlachten, malen Sie gemeinsam Bilder oder laufen Sie Roll- oder Schlittschuh. Basteln Sie, und spielen Sie Theater. Schaukeln und rutschen Sie mal wieder auf Kinderspielplätzen. Das alles geht auch ohne Kinder! Schlüpfen Sie in andere Rollen, und nehmen Sie dabei wahr, wie Ihre Sinnlichkeit sich entfaltet.

Viele Situationen des Lebens können durch spielerische Elemente zur Freude werden. Unpassende Verkleidungen für bestimmte Situationen sind ein Gaudi, über das man oft noch jahrelang lachen kann:

Ich erinnere mich daran, als mein damals 14-jähriger Sohn eine Freundin vom Bahnhof abholen sollte. Er hatte sie lange nicht gesehen, war in seiner Erinnerung sehr verliebt und deshalb sehr aufgeregt. Wir – sein Bruder, sein Vater und ich – begleiteten ihn mit Frauen-Perücken auf dem Kopf zum Bahnhof. Er selbst trug auch eine Perücke. Seine Freundin kam, was wir alle nicht wussten, mit ihren Eltern dort an. Sie schaute sich lange um, konnte jedoch meinen Sohn nicht entdecken. Als er dann – allen seinen Mut zusammennehmend – auf sie und ihre Eltern mit dieser Langhaarperücke auf dem Kopf zuging, waren allein deren Gesichter einen Slapstick wert. Als er uns dann noch als seine Familie vorstellte, sind die Eltern fast in Ohnmacht gefallen. Jedes Mal, wenn wir an diese Situation denken, lachen wir uns noch heute kaputt.

Mein Mann, damals Geschäftsführer eines großen Industriebetriebes, ging zum Fasching der Belegschaft in der Verkleidung eines Penners – mit Bierflasche und Plastiktüte in der Hand. Er sprach so gut wie nicht, weil er den Betrunkenen mimte, und wurde deshalb auch in den ersten Stunden dieses Abends nicht erkannt. Er hat in dieser kurzen Zeit jedoch so viel über sich selbst als Vorgesetzten erfahren wie in den zwei Jahren zuvor nicht. Eine zusätzliche Wirkung war eine noch größere Beliebtheit bei allen Mitarbeitern als zuvor. Alle schätzten seine Bereitschaft, zu spielen und einfach einmal ver-rückt zu sein.

Spielen Sie nicht Kind, sondern werden Sie von Zeit zu Zeit wieder Kind, und erleben Sie dieses Kindsein als Kraftquelle für Ihr Leben.

Je härter die Zeiten, umso wichtiger ist es, zu lächeln und andere zum Lachen zu bringen.

»Anleitungen« für Wonnestunden

Besondere Wonnen erleben Menschen immer dann, wenn sie sich durch etwas berühren lassen. Die älteste und einfachste Form der Berührung ist die Massage. Die Berührung durch rhythmische Massagebewegungen löst ein Gefühl der Entspannung aus. Massage bedeutet auch Vertrauen, Loslassen, Annehmen und Angenommensein.

Durch Berührung wird der Atem ins Fließen gebracht; und Atmen heißt leben. Blockierte Energien können frei werden, und innere Erlebnisse können sich ausdehnen und ins Fließen kommen. Massage ist die Kunst lebendiger Berührung, die es uns ermöglicht, unseren Körper wieder als Ganzes zu erfahren und zu genießen. Eine Massage kann, von einem Schauer des Behagens begleitet, den ganzen Körper ergreifen. Jeder Mensch hat die instinktive Fähigkeit, einen anderen Menschen zu massieren. Durch die Berührung fühlen wir uns bestätigt und angenommen. Der Tastsinn ist der erste sich entwickelnde Sinn beim heranwachsenden Kind.

Bereiten Sie den Raum, in dem die »**Wonne-Massage**« geschehen soll, gut vor:

- ❀ Sorgen Sie für frische Luft und genügend Wärme.
- ❀ Beleuchten Sie die Umgebung des Massage-Bettes mit Kerzenlicht.
- ❀ Beduften Sie den Raum mit einem entspannenden oder auch aphrodisierenden Aromaöl, z. B. Rose, Neroli, Ylang-Ylang, Sandelholz. In Büchern über Aroma-Therapie finden Sie hierzu zahlreiche Rezepte.
- ❀ Legen Sie warme Decken und evtl. eine Wärmflasche für die Füße bereit.
- ❀ Eine inspirierende Musik erhöht die Wonnegefühle. Beispiele finden Sie im Anhang.
- ❀ Bereiten Sie ein Massageöl vor, indem Sie als Basisöl ein naturbelassenes, kalt gepresstes Öl verwenden. Das können Jojoba-Öl, Aprikosenkernöl oder Hagebuttensamenöl sein genauso wie Erdnuss-, Soja- oder Sesamöl. Nehmen Sie auf 100 ml Basisöl zehn bis zwölf Tropfen reinen ätherischen Öls, träufeln Sie z. B. einige Tropfen Jasmin, Rose und Sandelholz sowie zwei bis drei Tropfen Bergamotte hinein.

❀ Schütten Sie eine kleine Menge des vorbereiteten Öls in Ihre Handfläche, und verteilen Sie das Öl zunächst in Ihren Händen, damit es angewärmt ist. Sollten Sie kalte Hände haben, so legen Sie Ihre Hände zunächst ohne Öl übereinander auf die Stirn des Menschen, der massiert werden soll. Dort ist Kühle angenehm, und Ihre Hände werden nach kurzer Zeit warm sein.

❀ Nehmen Sie sich Zeit und Ruhe für langsame und sinnliche Berührungen. Die Massage soll Wonnegefühle auslösen und nicht etwa Schmerzen durch z. B. zu starkes Kneten verursachen!

Vor einer Massage bringt ein Bad mit einem Badezusatz aus Sahne und Honig, in denen ätherische Ölen emulgiert wurden, das erste Wohlbehagen der beginnenden Wonnestunden. Sie können die gleichen Öle verwenden, die Sie auch für Ihr Massageöl benutzen. Das Badezimmer wird allein durch den Duft dieser Essenzen zu einem Raum des Genusses. Wenn Sie dann noch farbige Glühbirnen oder duftende Kerzen zur Beleuchtung verwenden, sich ein Glas Champagner und frische Austern oder reife frische Feigen dazu gönnen, können Sie die Stimmung auf »Glückseligkeit« einstellen.

Bevor Sie einen anderen Menschen massieren, sollten Sie sich zunächst selbst zentrieren. Nehmen Sie sich einige Minuten Zeit, in Ihre Mitte zu kommen, und tauchen Sie dann, wenn Sie beginnen, ganz in Ihre Hände ein. Spüren Sie die Energie, die durch Ihre Hände in den anderen Körper fließt, und nehmen Sie wahr, was Ihnen entgegenkommt: Weichheit, Anspannung, Abwehr, Hingabe, Wärme oder Kälte. Schließen Sie Ihre Augen, und lassen Sie sich ganz von Ihren Händen führen. Schweigen Sie während der ganzen Massage. Der massierte Mensch darf selbstverständlich äußern, was ihm besonders wohl tut oder auch, was vielleicht nicht so angenehmen ist.

Eine andere Möglichkeit, Wonne zu erleben, ist es, einen ganzen Tag mit verbundenen Augen im Bett zu bleiben und sich bedienen, füttern und verwöhnen zu lassen.

Ein Spaziergang kann zur Wonne werden, wenn Sie ganz eintauchen in Ihre Bewegungen. Spüren Sie Ihre Füße, die den Boden berühren, rollen Sie ganz bewusst von der Ferse zu den Zehen hin ab. Lassen Sie Ihre Arme mitschwingen, richten Sie den Oberkörper auf, und finden Sie Ihren Rhythmus in Verbindung mit Ihrem Atem. Vielleicht vier Schritte einatmen und fünf Schritte ausatmen. Wie auch immer, genießen Sie das Gehen, die Bewegungen, das Zusammenspiel

Ihrer Muskeln, die Weite um sich herum und den freien Blick zum Himmel.

Wenn Sie den Boden draußen betreten und die Weite um sich herum spüren, weiten Sie sich unweigerlich auch selbst.

Es gibt unzählige Angebote in Wellness-Hotels, wo Sie sich für ein Wochenende den Wonnen dieser Wohlfühloasen hingeben können. Dazu gehören Schwitzbäder in Dampfsaunen oder Biosaunen, aber auch Liquid-Sound-Bäder und Sprudelbäder. Lassen Sie die Zeit einmal stillstehen, um das Gefühl, auf Wolken zu schweben, genießen zu können.

Schweigend nebeneinander auf einer Parkbank zu sitzen, kann genauso eine Wonne sein wie ein echtes Gespräch, bei dem es nicht darum geht, den eigenen Seelenmüll loszuwerden oder die eigene Meinung an den Mann zu bringen, sondern darum, dem anderen zuzuhören, ihn in all seinen Facetten wahrzunehmen und sich mit ihm auszutauschen, sich mit ihm zu freuen, zu genießen oder auch traurig sein zu können. Das schafft Verbundenheit und Sicherheit.

Alles, was Sie in die Lage versetzt, mit wachen Sinnen für sich selbst zu sorgen, kann zu Stunden der Wonne werden. Jede bewusst gestaltete Auszeit von der Hektik des Alltags trägt zur Entwicklung Ihrer Sensitivität bei. Sie kommen zu sich selbst, zu innerem Frieden und entdecken die Fähigkeit, auch zu anderen Menschen ein Gefühl der Verbundenheit herzustellen.

Das Schweigen ist der Gott der Glücklichen.
(aus Schillers »Maria Stuart«)

Es ist der Verlust der Sensitivität, der uns zunehmend unfähiger macht, wirkliches Miteinander, echte Empathie zu entwickeln. Nicht umsonst entwickeln wir uns zu einer Single-Gesellschaft, in der sich kaum noch jemand im Hier und Jetzt geborgen fühlt. So, wie wir vertrauensvoll als Kinder einem Erwachsenen unsere Hand gereicht haben, können wir heute wieder Nähe herstellen, wenn wir unsere Sensitivität entwickeln und mit dieser Sensitivität mit anderen in Kontakt treten. Erst dann können wir ihre Bedürfnisse erspüren und eine Kommunikation beginnen, die etwas Neues entstehen lässt, die eine Bereicherung für beide ist. Nähe erzeugt Verbindung, und Verbundenheit gibt Schutz.

ÜBER SINNLICHKEIT ZUM SINN

Um geistig-seelisch und körperlich gesund zu bleiben, muss ein Mensch sich an Perspektiven orientieren können, die Sinn und Sinnlichkeit einbeziehen.

Die Frage nach dem Sinn ist nicht immer leicht zu beantworten. Sie ist in unserer komplexen Gesellschaft mit all ihren Verflechtungen oft auch schwer zu durchschauen.

Aber wenn wir uns – jeder für sich – aus tiefster Seele, tiefstem Herzen, tiefstem Ich immer wieder fragen: »Ist das, was ich tue, sinnvoll? Sind alle meine Sinne in mein Handeln involviert, darf ich das, ist das für mich wahr, richtig, soll ich das?«, dann kann jeder Mensch seelisch in sich ruhen, egal wie die äußeren Umstände sich gestalten. Dann kann jeder Mensch einen Sinn in seinem Leben finden.

Die Entwicklung des Sinnbegriffes in der Psychologie und Psychotherapie verlief in drei Etappen:

1. Die Tiefenpsychologie zentriert sich um den Sinn eines Symptoms (Krankheit, Abnormität, Alptraum, Ängste etc.). Es geht dabei um ein Negativum, das es herauszufinden gilt, das vermeintlich Schuld an einem Symptom ist. Die Freiheit des Menschen, auf das Symptom zu antworten, wird dabei völlig außer Acht gelassen.

2. Dem Therapieansatz von Carl Rogers, der die klientenzentrierte Therapie entwickelte, liegt ein humanistisches Persönlichkeitsmodell zugrunde. Er fasst somit den Sinnbegriff schon viel weiter: Demnach trägt das Selbst seinen Sinn in *sich*. Es geht hier um den Sinn, der einem Individuum innewohnt, und um dessen Entfaltung. Selbstverwirklichung ist das Ziel.

Der jüdische Philosoph und Theologe Martin Buber ging bereits so weit zu sagen, der Mensch brauche Menschen, die ihm Sicherheit geben, dass seine Existenz selbst es wert ist zu leben. Der Grundgedanke dieser Annahme ist, Vertrauen zu haben *in* diese Existenz, in ihren Fortbestand, ihre Schönheit und Entfaltung, weil diese Existenz es wert ist, über den eigenen Schatten zu springen und *auf* das *hin*zuleben, für das jeder einzelne leben will.

3. Frankl erweiterte den Sinnbegriff um den Sinn des Ganzen, *den Sinn, der die Welt sozusagen umschließt, dem sich ein Mensch lebend und sich entfaltend zuneigen kann.* Es geht also um das, auf das in jedem Menschenleben *hin*gelebt wird, um das, *wofür* gelebt wird, und darum, wozu der Mensch auch über seinen eigenen Schatten springen, über sich selbst hinauswachsen, wofür er auch Verzicht leisten und Leid in Kauf nehmen kann.

Damit hat der Sinnbegriff einen großen Wandel erlebt:

❀ (Mangelnder) Sinn als verursachender Auslöser von Krankheit und Leid

❀ Sinn, der im Menschen selber liegt

❀ Sinn, der gefunden werden und heilend wirken kann, indem er ausgerichtet ist auf Werte. Hierbei geht es um den Sinn, den suchende Menschen finden, wenn sie sich der Fülle der Werte in dieser Welt öffnen.

Hierzu genügt ein ernst zu nehmender Gedanke, ein Funken Mitgefühl, ein Funken Liebe. Sinnlichkeit, die letztendlich unsere Lebendigkeit erzeugt, ist ein Geschenk des Lebens, durch das wir einerseits mit dem Leben fließen können. Andererseits ermöglicht uns die damit einhergehende Wachheit und Fähigkeit zur Verantwortung auch, unseren Kurs zu korrigieren oder gar zu wechseln, unseren Acker neu zu bestellen und andere Früchte anzubauen.

Die Tatsache, dass die meisten von uns zunächst nicht wissen, warum, *wozu* sie in diese Welt hineingeboren wurden und warum sie – ohne zu wissen, wann – wieder gehen müssen, können wir unter Zugrundelegen eines Sinnes so betrachten:

Wir tun unsere Arbeit auf der Erde und verändern damit mehr oder weniger ein Stückchen dieser Welt – ob wir nun bei der Müllabfuhr arbeiten oder aber Universitätsprofessoren sind.

Diese arbeitsteilige Gesellschaft kann weder den einen noch den anderen entbehren. Sie basiert darauf, dass wir alle dem anderen, der uns ein Stück unserer Arbeit abnimmt, vertrauen, dass er seine Arbeit auch gut, richtig, sorgfältig und verantwortungsvoll erledigt. Nur aus diesem Vertrauen heraus funktioniert unsere Gesellschaft, nur aus dieser Verlässlichkeit des Einzelnen kann sie überhaupt klappen. Stellen Sie sich vor, der Briefträger wäre zu faul, unsere Briefe auszutragen, und würde im Sommer lieber ins nächste Schwimmbad oder an der nächsten See fahren und alle Post in den Müll werfen!

Oder der Automechaniker würde nicht darauf achten, dass die Bremsen an unseren Autos zuverlässig funktionieren, unsere Lehrer würden den Kindern keine Werte beibringen, die dem Wohle der ganzen Gesellschaft dienen, und nicht den Lehrstoff, der ihnen aufgetragen wurde, sondern möglicherweise faschistische Parolen?

Jeder von uns ist ein kleines Rad im Getriebe des großen Uhrwerks »Leben« – wieder ein sinnliches Bild, greifbar, anschaulich, vorstellbar. Für viele junge Menschen mag dieses Bild vielleicht schon nicht mehr verständlich sein – sie kennen möglicherweise nur noch die Digitaluhr.

Wenn jeder von uns nur ein wenig daran arbeiten würde, den kleinen Teil, der ihm zugedacht ist, schöner, heller, menschlicher und sinnvoller zu gestalten, mit Sinn zu erfüllen, der auch dem großen Ganzen dient, dann könnten wir das »Geborenwerden« auch als Vorschuss auf unsere Wirkkraft in dieser Welt ansehen ...

Frau Dr. Lukas, Psychologin und fachliche Leiterin des »Süddeutschen Instituts für Logotherapie, hat es einmal ungefähr so ausgedrückt: »... und das Sterben als Entlassung aus dem Leben und als Dank für das im Leben Bewirkte und Gewirkte. So kann uns das zu Gebende leiten, das nach unserem Tode weiterwirkt und Spuren hinterlässt.«

Im Sterben wird unser Beitrag endgültig übergeben. Und wenn wir danach gestrebt haben, unseren Sinn zu erfüllen, haben wir auch einen Wert in diese Welt eingebracht. Und dieser Wert besteht weiter.

> *Den Tod fürchtet, wer den Aufgabencharakter des Lebens und damit den Sinn nicht erkennt, und den Tod wünscht, wer das Leben fürchtet.*
>
> (Elisabeth Lukas)

Unter diesem Aspekt kann auch Leiden den Sinn haben, eine menschliche Seite zum Schwingen zu bringen, die ansonsten ein Leben lang geschwiegen hätte.

Der Sinn des menschlichen Lebens liegt meist in dem, was werden soll. Ohne den Sinn von Verzicht zu begreifen und auch Verzichtleistungen einzubringen, wird menschliches Leben unmenschlich.

Es ist deshalb unumgänglich, uns immer wieder zu fragen, ob das, was wir tun, sinnvoll ist, ob wir es tun dürfen, wenn wir die möglichen Folgen einbeziehen, ob es das ist, wofür uns unser Leben, unser Lebendigsein, unsere Sinnlichkeit geschenkt worden sind, ob das, was wir fühlen, denken und tun, wirklich ein Ausdruck unserer ganz eige-

Sinn ist immer Sinn für das Ganze, für alle Beteiligten, für das Individuum und die Gemeinschaft, der es angehört. Der Sinn der Individualität erfüllt sich erst in der Gemeinschaft. Der Sinn der Gemeinschaft wird durch die Individualität konstituiert.
(nach Elisabeth Lukas und Viktor E. Frankl)

Sinn kann nur gefunden werden wie eine Blume am Wegrand. Aber eben nur dann, wenn wir Wege einschlagen, die durch blumiges Gelände führen.
(Verfasser unbekannt)

nen Individualität ist, mit der wir uns dem *Du* zuwenden und ein *Wir* schaffen können. Und: Die Welt ist nicht zu retten durch Menschen, die ihre eigenen psychischen Zustände zum Mittelpunkt ihres Lebens machen.

Ohne Sinnlichkeit werden wir die Blumen am Wegrand nicht einmal wahrnehmen können. Ohne Sinnlichkeit werden wir kein Bedürfnis haben, nach blumigen Wegen zu suchen.

Die allgemein verbreitete Entmenschlichung in vielen Lebensbereichen, verbunden mit dem Gefühl der Sinnlosigkeit, geht einher mit dem Verlust der Sinnlichkeit.

Denken Sie nur an unsere Nahrungsmittel. Die meisten Menschen in den Städten haben keine Idee mehr davon, wie dieses neue Designer-Food, diese Fertiggerichte und Fastfood entstehen. Sie wissen auch nicht, dass sie keine Mittel zum Leben sind, keine Lebens-Mittel, was voraussetzen würde, dass diese Nahrungsmittel Leben vermitteln. Konserven, Fertiggerichte, Designer- und Fastfood sind tote Nahrungsmittel! Mit echter Sinnlichkeit sind sie nie in Berührung gekommen, weder bei der Erzeugung, noch bei der Be- und Verarbeitung. Alles ist Schein, von der Farbe über das Aroma bis zur Vermarktung und Werbung mit ihren Versprechungen für Zusatznutzen, die über emotionale Schienen lanciert werden.

Vertrauen in das, was sein könnte

Aber es gibt auch Gegenbeispiele, Gott sei Dank! Es gibt die Möglichkeit, das eigene Kaufverhalten gegen den Strom der Masse zu stellen. »Bio« boomt nicht umsonst. Und seriöse Anbau- und Vertriebsorganisationen und Biomarken gibt es in ganz Europa.

Zumindest im Bereich der Lebensmittelherstellung besinnen sich die Menschen ja mittlerweile auf die Verbindung von Zweckmäßigkeit, Sinnlichkeit und Sinnhaftigkeit.

Damit einher gehen Freude an der Arbeit, Lust und Motivation, so dass ganz individuelle persönliche Fähigkeiten in schöpferischen Prozessen entdeckt, entwickelt und in die Arbeit eingebracht werden können. Arbeit, die sinnlich ist, befriedigt mehr, ermüdet weniger und trägt zur Fröhlichkeit bei, wenn sie durch Sinnlichkeit und durch ihren erfahrbaren Sinn begeistern kann.

In der industriellen Produktion dagegen wird heute alles abstrahiert und mehr und mehr zu einer mathematisch-technischen Disziplin, bei der Zusammenhang von Sinn und Nutzen immer mehr verloren geht.

Wie wenig Sinnliches z. B. dem Beruf des Ingenieurs innewohnt, ist vielleicht auch daran abzulesen, dass es im Fernsehen keine Ingenieurs-Serien, sondern Arztserien gibt. Doch das ist Nostalgie; denn auch im Beruf des Arztes, wie in vielen anderen Berufen, geht die Sinnlichkeit immer mehr verloren.

Der gute alte Hausarzt, der den Patienten – seine Haltung, Bewegungen, Stimme, seine Hautfarbe, den Augenausdruck, die Skleren (Lederhaut der Augen), Finger- und Fußnägel, den Mundgeruch und nicht zuletzt die Zunge – noch mit allen Sinnen erfasste, ist mittlerweile fast in Verruf geraten. Er stellte seine Diagnosen mit einem großen Anteil an aus Erfahrung gespeister und ausgebildeter Sinnlichkeit und geschulter Intuition. Wir wissen, dass heute trotz aller statistischen Richtwerte, trotz der Apparate- und Messzahlen-Diagnosen über 60 % der klinischen Diagnosen falsch sind. Statistiken tragen das ihre dazu bei. Was sagt es schon über irgendeinen einzelnen von meinen Lesern aus, wenn ich alle ihre Gewichte in Kilogramm zusammenrechnete, durch die Anzahl der Leser teilte und dann ein Durchschnittsgewicht ermitteln würde?

Wir versuchen heute durch derartige Zahlenwerke den Zustand eines Patienten genauso zu beurteilen wie die Qualität von Lebensmitteln. Es wird quantifiziert. Zahlenscores stehen der Erfahrung gegenüber. Es wird zerlegt, zerteilt – und damit getötet. Wenn man Lebendiges zerlegt, tötet man es. Und in Totem ist keine Sinnlichkeit mehr vorhanden, Totes hat keine Sinne.

Alles Lebendige wird heute in der Wissenschaft auf seine Teile reduziert, was nicht messbar ist, muss messbar gemacht werden. Die

Deutsche Gesellschaft für Ernährung schaut nur auf die Inhaltsstoffe der Nahrung wie Vitamine, Mineralien, Spurenelemente, Fett, Eiweiß, Kohlehydrate usw. Die Lebendigkeit, die natürliche Zusammensetzung, die energetische Qualität, das Leben in den Lebensmitteln spielen in dieser Sichtweise überhaupt keine Rolle. Was macht das alles für einen Sinn?

Was macht es für einen Sinn, sich Sex über Cyberspace und virtuelle Welten ins Zimmer zu holen, raum- und zeitlos – ohne Sinnlichkeit?

Welchen Sinn macht es, virtuelle Fantastereien in der Distanz von Raum und Zeit in so genannten Sinnwelten zu machen, die doch nichts anders sind als Fluchtwelten – Stecker raus, alles aus!

... die Entsinnlichung der Wahrnehmung (u. a.) erschwert die Orientierung auf dem Wege zu einer zukunftsfähigen Entwicklung.

... Unaufdringlichkeit und soziale Verantwortlichkeit, Emotionalität und Sinnlichkeit werden die Ästhetik der Produkte der Zukunft kennzeichnen.

(aus den Toblacher Thesen von 1998)

Wo bleibt die stofflich-materielle Erfahrung, die unsere Sinne nährt?

Wir müssen unsere Sinnlichkeit, unsere Sensitivität schärfen für unsere Verbundenheit mit der Erde – also mit der Materie –, aber auch für unsere Verbundenheit mit unserem Ursprung als geistige Wesen – also für unsere spirituelle Heimat.

Nur, wenn wir wieder einen Sinn dafür entwickeln, dass unsere körperlichen Wurzeln in der Natur beheimatet sind und unsere geistigen Fähigkeiten in etwas Übergeordnetem, Geistigem, nur, wenn wir in uns wieder einen Sinn dafür entwickeln, wahrzunehmen, dass in jedem lebenden menschlichen Körper Geistigkeit lebt, auch, wenn sich dieser Geist – vielleicht aufgrund eines kranken Körpers – nicht mehr (für uns wahrnehmbar) äußern kann, nur dann, wenn wir diese Sensitivität, diese Sinnlichkeit wieder entwickeln, begreifen wir das Wunder des Lebens in den Möglichkeiten des Seins und Werdens in seinem Sinne.

Und wer absolut keinen Sinn in seinem Leben finden kann, der kann ihn durch die Entwicklung der Sinnlichkeit zumindest darin finden, zu leben. So wie in jedem Samenkorn, in jeder Eizelle die Möglichkeit des ganzen Menschen, des ganzen Tieres oder Baumes steckt, so steckt in jedem Menschenleben die Möglichkeit, Sinn zu entdecken und zu verwirklichen, die Möglichkeit, die eigene Individualität mit allem, was sie der Welt zu geben hat, zu leben.

Wenn wir hier in der westlichen Welt schon ein Leben führen dürfen, in dem es keine persönliche, existenzielle Not gibt, die zu wenden Sinn machen würde, dann müssen wir unsere Sinne auch dahingehend schärfen, zu erfühlen, zu erkennen, was »Not tut«, was außerhalb von uns liegt, wofür es sich lohnt, uns einzusetzen.

Nur Menschen, die keine existenzielle Not haben, die nicht jede Minute ihres Lebens damit beschäftigt sind, alles absichern zu wollen, am Leben bleiben zu wollen, nur Menschen, deren Grundbedürfnisse erfüllt sind, die Zeit und Muße haben, können Zeit, Geld, Kraft und Fantasie einsetzen, um Schönes, Wertvolles zu schaffen, um einen Teil der Not, die in dieser Welt existiert, zu wenden. Insofern sind wir hier privilegiert angesichts der Armut, des Elends und der Not, die sich in vielen Teilen der Welt auftut. Wir sind privilegiert, aber dadurch auch aufgerufen, Schönes und Nachhaltiges zu schaffen. Das heißt, wir müssen unsere Sinne auch für Hoffnungen schärfen, die es in der Welt (der Notleidenden) gibt.

Das setzt voraus, dass wir den Blick auch einmal von uns selber lösen müssen. In der Regel ist es höchst befriedigend, es ist Glück, etwas einzubringen in die Welt, was zur Erfüllung ihrer Hoffnungen beiträgt.

Bei aller Individualität, die uns sicher zusteht und uns in die Lage versetzt, innovativ in dieser Welt zu wirken, dürfen nicht in einen Individualismus verfallen, der den Nächsten ignoriert.

Es gibt keinen einsameren Menschen als den, der nur sich selber liebt.

(Abraham Ibn Esra)

Wir dürfen die Abgrenzung unseres Ichs nicht so weit auf die Spitze treiben, dass wir uns letztendlich nichts und niemandem mehr verpflichtet fühlen, alles nur noch versachlichen, nur noch nach Spaß und schneller Bedürfnisbefriedigung streben und am Ende in der Isolation unsere Freiheit leben können, die zu nichts mehr gut ist als zu der Illusion, frei zu sein. Frei wovon ist nur die eine Hälfte der Frage, frei wozu ist der wichtigere Teil.

Auch sollten wir unsere Sinne schärfen für das Andersartige. Erst die Andersartigkeit jedes Menschen macht die Welt farbig und interessant. Wenn wir offen werden dafür, die Andersartigkeit erst einmal zu verstehen, bevor wir sie beurteilen

Das Freisein von etwas erfährt seine Erfüllung erst in dem Freisein für etwas. Freisein allein um des Freiseins willen aber führt zur Anarchie.

(Dietrich Bonhoeffer)

oder gar verurteilen, dann werden wir unser Interesse dahin lenken können und wollen.

Was uns interessiert, lehnen wir nicht ab. Und trotz aller Andersartigkeit verbindet uns der geistige Ursprung des Menschen, das spezifisch Menschliche dann zu einem Wir.

Die flüchtigen Orientierungsressourcen des sich immer mehr verselbständigenden Steigerungsspiels der individuellen Fun-Möglichkeiten unserer Gesellschaft sind irgendwann ohnehin erschöpft. Wahre Sinnlichkeit führt zu intensivem Leben, zu viele Reize aber zu Überdruss und Ekel.

Die Kunst des Lebens, die Kunst der Sinnlichkeit besteht letztlich darin, auch die Macht der Gewohnheit zu überprüfen und das, was wir tun und erleben, so zu ordnen, dass dabei lohnende Erfahrungen herauskommen, denen wir tatsächlich einen Wert, einen Sinn beimessen können, die wir genießen können, die nicht zu Stress (negativem Stress, zu Depression oder gar zu Krankheit) führen. Selbst Freizeit artet heutzutage immer häufiger in Stress aus.

Wir idealisieren die Freiheit, aber unseren Gewohnheiten sind wir oft sklavisch ergeben.
(Sogyal Rinpoche)

Die Verpflichtung zum Dienst am an anderen heißt, sich binden zu lassen an eine Pflicht von dem Augenblick an, da man sie ahnt. Das ist Teil jener Integrität, die allein zur Verantwortung berechtigt. Der Mensch erfährt seinen Eigenwert immer nur durch das, was er in die Welt einbringt, nicht durch das, was er der Welt entnimmt. Nur derjenige kann Sinn finden, der den Willen zum Sinn in sich wahrnimmt und dann Wege einschlägt, auf denen er seinen Sinn verwirklichen kann. Gelebte Sinnlichkeit ist Nahrung für unsere Seele.

Wenn die Seele hungert, kann man sie nicht mit Wohlstand füttern. Genuss mit allen Sinnen ist eine unerschöpfliche Energiequelle.

Finden Sie deshalb zu den Wurzeln Ihrer Sinnlichkeit, die Ihre Lust zum Leben fördern. Entwickeln Sie das Wohlgefühl sinnlicher Lebensfreude, indem Sie die Dinge tun, die Ihre Seele beflügeln. Tanken Sie Inspirationen, wo immer Sie können, zaubern Sie Stimmungen, wohnen Sie sinnlich, essen Sie sinnlich, lieben Sie sinnlich, arbeiten Sie sinnlich, kleiden Sie sich sinnlich, pflegen Sie sich mit all Ihrer Sinnlichkeit, und seien Sie fürsorglich mit allen Sinnen!

Vertrauen erhöht die Lebensfreude

Stellen Sie sich einmal vor, Sie wären wirklich in jeder Sekunde Ihres Lebens Ihr eigener Beobachter, Sie wären sich immer bewusst, ob Sie nach Ihrer eigenen Wahrheit handeln, denken und fühlen. Wie viele Dinge und welche würden Sie dann lassen? Was würden Sie dann heute tun, wenn Sie das Vertrauen hätten, dass es Ihnen mit hundertprozentiger Sicherheit gelingen würde? Können Sie nachvollziehen, dass Sie dann in einigen Bereichen besser für sich sorgen würden?

Glauben Sie mir, das würde Ihre Lebensfreude erheblich steigern! Und Sie würden durch die Kraft, die Ihnen daraus erwächst, etwas an andere Menschen weitergeben und ihnen mit dieser Lebensfreude, diesem Vertrauen in den Fluss des Lebens, in ein Getragensein, ungemein helfen können.

Geben, echtes Geben entstammt nicht dem Gefühl der Opferbereitschaft, sondern reinem Vergnügen und kann nur aus einem vollen, liebenden Herzen kommen.

Der erste Schritt zu einem Leben mit Sinnlichkeit und Sinn ist Vertrauen, Vertrauen in die Fülle und die Möglichkeiten des Lebens, die allen Menschen zustehen. Es ist genug für alle da. Allerdings ist es eine Frage der Verteilung und des bewussten, nachhaltigen Umgangs mit den Ressourcen der Erde. Wenn wir Vertrauen und Lebensfreude an die Stelle von Gier, Geiz, Misstrauen, Ausbeutung, Egoismus und Angst setzten, könnten wir alle so viel Gutes und Schönes schaffen und bewirken, dass diese Erde in kurzer Zeit ein anderes Gesicht bekäme.

Voraussetzung ist, geistig schon da zu sein, bevor man ankommt. Es manifestiert sich das, was wir denken, was wir uns vorstellen, immer im Materiellen.

Wir leben in einer freien Gesellschaft. Und Freiheit macht verantwortlich. Immer mehr Menschen begreifen ihre Verantwortung für ihr Leben, ihre Mit- und Umwelt. Voraussetzung für Freiheit ist allerdings auch Individualität. In diesem Wandel zum Individuum entsteht der Wunsch, mit anderen Menschen in Verbindung zu stehen. Aus dieser Verbindung, aus daraus geborenen Verbindlichkeiten entstehen machtvolle Kräfte.

Es geht um die Macht, etwas zu er-*schaffen*, nicht darum, Macht über etwas zu haben. Wer das begreift, der begreift auch, dass es im

Grunde nicht um Macht, sondern um Stärke geht, die aus der tiefen Verwurzelung im Vertrauen und in der Einheit allen Lebens erwächst. So verstanden wird Macht immer als Begleiter, als »Zwillingsbruder« der Liebe auftauchen.

Jeder Mensch sollte das tun, worin er gut ist. Zuwendung und Fürsorge schaffen Kommunikation. Angst schneidet uns vom vollen, prallen Leben ab. Unser Ziel ist Entwicklung, inneres Wachstum, Erfahrung. Mit jeder Hoffnung können wir der Sorge Widerstand leisten und Realität werden lassen, worauf wir unsere Absicht konzentrieren. Dann steht tiefe Verbundenheit gegen schnelle Lustbefriedigung. Daraus entsteht Glück. Und Glück ist ein Geisteszustand und reproduziert sich wie alle Geisteszustände in physischer Form. Irgendwann sind wir alle, was wir von uns denken.

Sinnlichkeit entsteht wie Musik immer auch aus dem Augenblick. Jeder Augenblick endet in dem Moment, in dem er beginnt. Und Abschiednehmen ist unser lebenslanger Begleiter.

Wenn wir uns bewusst machen und darauf vertrauen, dass Abschied vom Alten notwendig ist, damit Neues entstehen kann, wird unser Vertrauen in den Fluss eines sinnlichen und sinnvollen Lebens mehr und mehr gedeihen können. Wenn wir selbst begreifen und unseren Kindern zeigen, wie vielschichtig das Leben sein kann, können wir uns bemühen, früh in ihnen eine Neigung zu entdecken, die ihnen Erfüllung schenkt. Vielleicht kann dann später aus dieser Neigung, dieser Leidenschaft ihr Beruf, ihre Berufung und damit ein Teil ihres Glücklichseins werden. Immerhin verbringen wir die meiste Zeit des Lebens mit unserem Beruf.

Aber auch dazu gehört Vertrauen, gehört Sinnlichkeit, damit Neigungen überhaupt wahrgenommen werden können, Vertrauen, damit wir nicht als Eltern unsere Vorstellungen, wie Leben zu sein hat, unseren Kindern überstülpen, in der Hoffnung, dass sie dann unseren Erwartungen entsprechen. Fülle, auch in Form von Geld, gehört heute zu einem lebensfrohen Leben einfach dazu. Aber der Mensch besteht nicht nur aus einer Rechenzentrale für späteres »Gehaltsnachrechnen«, sondern auch aus Dingen, die wir nicht sehen und nicht greifen können. Geld allein macht nicht glücklich. Aber noch mehr gilt: Der Mangel an Geld kann unglücklich machen.

Wer hungrig ist und friert, wird durch die Liebe weit weniger erwärmt, als das unter gesicherten Lebensumständen der Fall ist. Zu diesen Lebensumständen gehört in einer modernen Gesellschaft, dass Geld von großer Bedeutung ist.

Unser Nervensystem ist auf Überleben, aber nicht auf Glück hin konstruiert. Das hat schon Sigmund Freud festgestellt und behauptet, dass Glück in unserem Erleben eigentlich nur dann auftritt, wenn sich hohe Spannungen entladen: Nach langer Anstrengung wird ein ersehntes Ziel erreicht, ein Examen etwa oder die Erfüllung einer Liebessehnsucht.

Glück ist ein zyklischer Zustand, kein linearer. Unsere Glücksgefühle kommen und gehen. Wer sie festhalten will, zerstört den Augenblick, aus dem das nächste Glück wachsen könnte. Die Menschen sehnen sich nach dauerndem Glück. Dieses Ziel verfolgen sie derart fanatisch, dass sie oft genug in dauerndes Unglück geraten.

Vertrauen in die Zyklen des Lebens ist unverzichtbar. Sich einlassen auf die Fülle, den Sinn und die Sinnlichkeit des Lebens erzeugt pralles, kraftvolles Leben. Loslassen ist unser lebenslanger Begleiter, Risiko das Wagnis des Gewinners. Lebensfreude und Fülle sind das wohltuende Resultat.

Wenn Sie das ausprobieren wollen, so versuchen Sie mal, etwas zu verschenken, ohne etwas zurück zu erwarten. Die Erfahrung, die Sie damit machen werden, wird Ihr Leben in Richtung Fülle und Erfülltheit verändern. So finden Sie z. B. Adressen karitativer Organisationen im Anhang.

Rosen pflücken ist immer ein Risiko.
Wer Angst hat vor den Dornen, wird
sein Leben lang Tomaten ernten.
(Verfasser unbekannt)

ZUSAMMENFASSUNG

Die Sinne üben heißt nicht nur,
sie gebrauchen, sondern lernen,
mit ihrer Hilfe richtig zu urteilen.
(Jean-Jacques Rousseau)

Unsere Sinne wirken alle eng zusammen und sind fast nicht voneinander zu trennen. Bei jeder Sinneserfahrung sind wir als ganzer Mensch angesprochen, über unsere mehr nach außen gerichteten Sinne – Augen, Ohren, Haut, Nase und Zunge – genauso wie über die mehr nach innen gerichteten Sinne – Wärme-, Wort-, Gedanken-, Bewegungs-, Lebens-, Ich-, Gleichgewichts- und Zeitsinn. Sinneserfahrungen berühren uns in unseren Empfindungen, Erfahrungen, unseren Gedanken und unserer Fantasie. Sehen, Hören, Tasten, Riechen und Schmecken, allein diese fünf Sinne bieten uns vielseitige Wahrnehmungen, die sich erheblich verändern, wenn wir einen oder gleich mehrere dieser fünf Sinne ausschalten.

Wir verbinden ganz bestimmte Vorstellungen mit ganz bestimmten Sinneseindrücken: So läuft uns das Wasser im Munde zusammen bei gewissen Gerüchen, oder unsere Gesichtsmuskeln ziehen sich zusammen, wenn wir das Bild einer aufgeschnittenen Zitrone sehen. Ganz andere Reaktionen würden sich abspielen, wenn wir mit verbundenen Augen an einer Zitrone riechen oder mit zugeklemmter Nase das, was uns das Wasser im Munde zusammenlaufen lässt, schmecken würden.

Auf den vorhergehenden Seiten haben Sie, liebe Leser, schon zahlreiche Übungen und Praxisbeispiele an die Hand bekommen, die Sie sicherlich als Anregung nehmen können, die Kunst der Sinnlichkeit zu erlernen, zu üben und zu genießen.

Ich fasse nachfolgend einige Übungen noch einmal zusammen, füge neue hinzu und möchte Sie ermuntern, Ihrer Fantasie freien Lauf zu lassen, um eigene zu erfinden.

Übungen für den Alltag

Glück ist stets an eine Spur
Selbstvergessenheit gebunden.
(Elisabeth Lukas)

Gehen Sie spielerisch mit diesen Übungen um, lassen Sie sich ganz darauf ein. Vergessen Sie sich für einige Augenblicke im Spiel! Beziehen Sie, wann immer Sie können, Kinder mit ein. Kinder sind spontaner, denken nicht darüber nach, was andere von ihnen halten. Sie sind ehrlicher, authentischer, »unverdorbener« als wir Erwachsenen. Kinder können ihre Gefühle noch unreflektiert äußern. Sie können im Augenblick leben und jeden Augenblick mit ihrem ganzen Wesen genießen oder auch erleiden. Kinder können große Lehrmeister für uns Erwachsene sein, wenn wir sie achten, beob-*achten* und ihnen unsere Liebe geben.

Fast alle nachstehend aufgeführten Vorschläge für Sinnesübungen können Sie mühelos und voller Spaß, Heiterkeit, Humor und Lebensfreude durchführen – auch mit Kindern.

Wortsinn

⊗ Machen Sie Wortspiele, die Sie aus Ihrer Kindheit kennen, z. B.:
  – Es zwitschern zwei Schwalben zwischen zwei Zweigen, zwischen zwei Zweigen zwitschern zwei Schwalben.
  – Fischer Fritze fischte frische Fische, frische Fische fischte Fischers Fritze.
  – Blaukraut ist Blaukraut, und Brautkleid ist Brautkleid.
  – Der Whisky-Mixer mixt Whisky im Whisky-Mixer, ...
  Es gibt unzählige Beispiele und Bücher hierzu. Dies sind gute Übungen für Menschen, die eine Affinität zum Wort haben und für solche, denen Sprache zunächst nicht so viel bedeutet.
⊗ Singen Sie, auch wenn Sie der Meinung sind, es nicht gut zu können. Im Wald wird Sie niemand hören, wenn Sie allein im Auto sind auch nicht.

Gehörsinn

⊗ Nehmen Sie sich regelmäßig Zeit, um »nur« zu hören. Verbinden Sie Ihre Augen dabei, und schalten Sie auch andere Sinneseindrücke so weit wie möglich aus.

❀ Hören Sie sich ein klassisches Musikstück mindestens dreißig Mal hintereinander (an aufeinander folgenden Tagen) an.

Geschmackssinn

❀ Kauen Sie Ihre Nahrungsmittel so lange, bis diese wirklich »durchgeschmeckt« sind.

❀ Zerdrücken Sie geschälte Weintrauben mit der Zunge an Ihrem Gaumen.

❀ Schlürfen sie einmal ein rohes, frisches Eigelb auf.

❀ Lassen Sie sich mit verbundenen Augen und Nasenklemme verschiedene rohe Gemüsestückchen nacheinander in den Mund stecken, und versuchen Sie, nur am Kaugeräusch und Geschmack festzustellen, was Sie essen.

Sehsinn

❀ Färben Sie ganz normal nach eigenen Rezepten zubereitete Lebensmittel mit Lebensmittelfarben aus der Apotheke ein, und setzen Sie sie Ihren Gästen oder Ihrer Familie vor, z. B. roten Apfelsaft, grünen Ketschup, blaue Kartoffeln, lilafarbigen Reis, rote Milch etc. ...
Die Reaktionen werden Sie in Erstaunen versetzen! Der vermeintlich veränderte Geschmack auch!

❀ Kaufen oder leihen Sie sich Bücher mit dreidimensionalen Illusionsbildern. Beim ersten Anschauen wird Ihnen nichts Besonderes auffallen. Wenn es Ihnen dann jedoch gelingt, den Focus Ihrer Augen auf »unendlich« zu stellen, werden Sie ganz neue, sehr plastisch wirkende Bilder in den Drucken entdecken. Eine faszinierende Sehübung!

Geruchssinn

❀ Beduften Sie Räume, Kleidung, Briefpapier und Tinte.

❀ Zerreiben Sie Blätter von Bäumen und Kräutern zwischen Ihren Fingern, und riechen Sie daran.

❀ Riechen Sie mit verbundenen Augen an verschiedenen Früchten und Blumen, ohne sie zu berühren.

❀ Lassen Sie sich mit verbundenen Augen an den Tisch führen, wenn Ihr Partner oder Ihre Freunde für Sie gekocht haben, und versuchen Sie zu erraten, was es zu essen gibt.

❀ Riechen Sie an Ihren Kräutern, bevor sie ins Essen kommen.

❀ Nehmen Sie die Gerüche Ihrer verschiedenen Schuhcremes, Ihrer Putzmittel und Ihrer Körperpflegemittel einmal bewusst wahr. Dann kaufen Sie z. B. eine naturbelassene Körperlotion mit reinem ätherischen Rosen- oder Zitronenöl (Bezugsquellen siehe Anhang) und vergleichen die Düfte. Vergleichen Sie z. B. auch den Geruch von normaler Möbelpolitur mit Möbelpflege auf Bienenwachs-Basis, der reine ätherische Öle zugesetzt wurden.

Tastsinn

❀ Betasten Sie das Obst, bevor Sie es waschen, schälen und zerkleinern.

❀ Backen Sie ab und zu ein Brot selbst und genießen dabei den Geruch des frischen Teiges und das Gefühl der verschiedenen Knet-, Streich-, Klatsch- und Drück-Bewegungen.

❀ Körperkontakt ist die direkteste Kommunikationsform zwischen Mensch und Tier. Berührungen, die mit Druck und Streicheln einhergehen, setzen Oxytocin frei, ein Schlüsselhormon gegen Stressreaktionen. Es setzt das Schmerzempfinden herab, beruhigt und vermindert Ängstlichkeit, senkt den Blutdruck, regt die Verdauung an, stärkt das Immunsystem. Wenn Sie niemanden haben, der Sie berührt, und sich auch keine regelmäßige Massage gönnen können, so massieren Sie sich zumindest selbst!

❀ Befühlen Sie alles, was Ihnen in die Finger oder unter die Augen kommt, und schließen Sie dann die Augen beim Fühlen! – Natürlich nur, wenn Sie damit keinen Schaden anrichten und niemanden belästigen!!!

❀ Lassen Sie sich mit verbundenen Augen durch den Wald führen. Halten Sie inne an Bäumen, um ihre Rinde zu betasten, auf Moosflächen, um mit der flachen Hand über das Moos zu fahren – (von dem sie zunächst nicht wissen, dass es Moos ist). Ob Sie es fühlen können, ohne es zu sehen?
Bei dieser Übung werden besonders viele Sinne angesprochen: Ihre Ohren sind gespitzt. Sie hören das Knacken der Äste oder das Rascheln des Laubes unter Ihren Füßen, Sie wittern wie ein Tier die Düfte der Natur. Und wenn Sie ganz sensibel sind, werden Sie die unterschiedlichen Aromen des Waldes, Feldes, der Wiese oder des Gewässers – wo auch immer Sie hingeführt wer-

den – auf Ihrer Zunge schmecken können.

Ihr Gleichgewichtssinn ist besonders gefordert, da Sie nicht sehen, wohin Sie treten. Der Gedankensinn ist angesprochen, denn Sie stellen sich gewiss vor, was um sie herum vorkommt und stattfindet. Ihr Ichsinn dringt in den Menschen, der Sie führt, sozusagen ein, indem Sie sich ihm anvertrauen. Ganz in den Hintergrund gedrängt wird dagegen Ihr Zeitsinn, weil Sie sich auf die anderen mannigfaltigen Sinneserfahrungen voll und ganz konzentrieren werden.

- ✿ Schalten Sie immer mal wieder andere Sinne aus, um einen Sinn ganz bewusst wahrzunehmen.
  - Klemmen Sie Ihre Nase zu.
  - Verbinden Sie Ihre Augen.
  - Stecken Sie Ohrstöpsel in Ihre Ohren.
- ✿ Gehen Sie, sooft Sie können, in die freie Natur, um Gerüche, Geräusche und kleinste Details ganz bewusst in sich aufzunehmen.
- ✿ Machen Sie sich bewusst, wie unterschiedlich es sich anfühlt, mit geschlossenen Augen zu küssen, zu lieben oder mit geöffneten Augen das Gleiche zu tun und sich dabei gegenseitig in die Augen zu schauen.

Achtsamkeit lässt Raum für Sinnlichkeit und Sinn. Auch beim Umgang mit der Zeit sollten wir die Achtsamkeit nicht vergessen:

- ✿ Die Wiederaneignung von Zeit als Gegenpol zu unserer Monokultur der Beschleunigung (M. Gronemeyer) ist eine Voraussetzung für die Kunst der Sinnlichkeit.

Weitere Voraussetzungen für die Kunst der Sinnlichkeit sind:

- ✿ Die Verbindlichkeit, die durch Nähe entstehen kann.
- ✿ Der Verzicht auf Überfluss, der in der Regel zu nichts weiter führt als zu Überdruss.
- ✿ Das Schaffen von Schönem als Ressource eines sinnvollen, sinnlichen Lebensstils, damit sich Schönheit und Nützlichkeit verbinden können.

Die Übungen der Achtsamkeit sind durch nichts anderes zu ersetzen. Erst achtsamer Umgang mit uns selbst, mit unserer Mit- und Umwelt, mit allem Leben und Lebensnotwendigen macht sinnliches und sinnvolles Leben erst möglich.

Der Augenblick zählt

Junge Menschen erkennen – wenn sie nicht schon zu puren Konsumenten »verkommen« sind – eine große Fülle von Sinnmöglichkeiten, die sie in ihrem Leben verwirklichen können und vielleicht auch wollen.

Je älter wir werden, desto weniger Sinnmöglichkeiten werden wir ergreifen und verwirklichen können, da unsere Zeit auf der Erde einfach begrenzt ist, unsere Kräfte vermutlich nachlassen, und wir aus diesen Gründen unsere Ziele nicht mehr erreichen können. Dies ist eine Tatsache. Sie zeigt, dass es bei der Frage nach dem Sinn des Lebens nicht *nur* um Ziele gehen kann.

Ein älterer Mensch kann – wenn er ein sinnliches und sinnvolles Leben gelebt hat – auf vieles zurückschauen, was er erreicht, bewirkt, verwirklicht und durchgestanden hat. So manche Verzichte werden ihm im Rückblick sinnvoll erscheinen, andere möglicherweise weniger oder gar nicht. Vieles wird ihm unverständlich bleiben, sein Sinn wird sich ihm nicht immer erschließen.

Wir können Sinn genauso wenig erzeugen, wie wir mathematische Gesetze erzeugen können. Beides gilt es zu entdecken. Und entdecken können wir Sinn am besten im Gewahrsein des Augenblicks.

Die vielen kleinen Situationen sind es, in denen wir Sinn finden können, wenn wir uns der Sinnaufforderung nicht verschließen, wenn wir uns bewusst machen, dass jede noch so große Tat mit dem ersten Schritt beginnt und nur in kleinen Schritten – einer nach dem anderen – verwirklicht werden kann. Es ist immer der Augenblick, der zählt. Und jeder Augenblick, jede Entscheidung, die es zu treffen gilt, ruft uns auf, unsere Wertvorstellungen zu überprüfen, das, was wir tun, mit unseren Vorstellungen, unseren Zielen und dem, was notwendig ist, in Einklang zu bringen.

Einen versäumten Augenblick bringt kein Wunsch zurück.
(Sprichwort)

Hier ist Intuition gefragt. Der Begriff »Bauchhirn« ist heute in aller Munde. Man weiß, dass unser Bauch, unser Verdauungskanal ähnlich funktioniert wie unser Gehirn. Bekannt ist auch, dass 90 % der Informationen vom Bauch zum Nervensystem gehen und nur 10 % den umgekehrten Weg nehmen. Daraus wird verständlich, dass wir tief in unserem Inneren eine Kraft besitzen, die dem Kopf manchmal weit überlegen ist. Diese Kraft ist unsere Intuition. Sie hilft uns, das Rechte im richtigen Moment zu tun, ohne erst lange darüber nachdenken zu müssen.

Sie kennen das alle aus ganz alltäglichen Situationen: Etwas fällt herunter, Sie fangen es aber im letzten Augenblick noch auf. Sie reagieren automatisch richtig in brenzligen Verkehrssituationen. Sie tun etwas wider alle Vernunft, weil es sich für Sie richtig anfühlt, und haben Erfolg damit.

Intuition ist in jeder Körperzelle vorhanden. In Bruchteilen von Sekunden verbinden wir oft unsere Intuition mit unserer Erfahrung und handeln richtig. Je mehr wir uns selbst kennen und vertrauen, je mehr wir unsere Gefühle wahrnehmen und achten, je verfeinerter unsere Sinnlichkeit ausgebildet ist, desto mehr können wir uns auf unsere Intuitionen verlassen. Selbst die »verrücktesten« Gedanken weisen oft – wenn wir sie im richtigen Augenblick wahrnehmen – in eine gute Richtung. Das kann uns dann ermuntern, etwas zu tun oder auch zu lassen. So vermag uns jeder bewusst wahrgenommene Augenblick neue Erfahrungen zu bringen. Er kann uns – gekoppelt an unsere Intuition – vor Gefahren schützen, kann uns zu mutigen Schritten veranlassen oder uns mit einem gesunden Angstgefühl vor Schmerzen und leidvollen Erfahrungen bewahren.

Meditation ist Rückkehr in die Gegenwart.

(Krishnamurti)

Übungen für den Augenblick

⊛ Nehmen Sie sich einmal täglich zehn Minuten Zeit, um sich ganz ungestört zurückziehen können.

⊛ Schaffen Sie sich hierfür einen Platz, den Sie mögen, wo Sie Entspannung finden und träumen können.

⊛ Achten Sie dann auf Ihre Gedanken, und machen Sie sich bewusst, worum Sie des Öfteren kreisen.

⊛ Lassen Sie vor Ihrem inneren Auge Ihr Leben einmal rückwärts laufen. Und stellen Sie sich folgende Fragen:
  – Welche Lebensabschnitte waren für mich von besonderer Bedeutung?
  – Welche Rollen habe ich in dieser Zeit gespielt?
  – Wie habe ich mich dabei gefühlt?
  – Welche Überzeugungen und Werte waren für mich damals wichtig?
  – Was ist dabei herausgekommen?

- Was ist mir gut gelungen, was nicht?
- Was hat mich innerlich weitergebracht?
- Worin war ich verhaftet? (Z. B. immer gut dastehen zu wollen, es allen recht machen zu müssen, immer Recht behalten zu wollen, alles alleine können zu müssen, nie jemanden um etwas bitten zu müssen etc. – überprüfen Sie Ihre ganz persönlichen »Verhaftungen« in der Vergangenheit!)

Diese Übung dient nur der Beobachtung, nicht der Bewertung! Hüten Sie sich dabei vor eigener Verurteilung!

Wenn Sie es einrichten können, jeden Abend den vergangenen Tag rückwärts unter diesen Gesichtspunkten zu betrachten und Ihre »Verhaftungen« in eine Art Tagebuch zu notieren, dann wird sich vieles, was Sie an einem sinnlichen, sinnvollen Leben hindert, von selber lösen.

❀ Versuchen Sie dann zu entdecken, was Sie besonders gut können, besonders gerne tun, und schreiben Sie auch das auf.

❀ Schreiben Sie auch auf, was Sie an sich selbst mögen.

Wir meinen immer nur, das alles längst zu wissen. Beim Aufschreiben merken wir dann oft, dass wir viel besser wissen, was wir an uns *nicht* mögen, was wir nicht besonders gut können, was wir *nicht* gerne tun.

Diese Übungen dienen der wachen Bewusstheit genauso wie der Schulung unserer Intuition. Unsere Antennen werden dadurch auf Empfang für Lebensfreude, für Spontaneität und Sinnlichkeit ausgerichtet.

Durch das Gewahrwerden des Augenblicks begegnen Sie dem Leben immer im Hier und Jetzt. Lassen Sie mehrmals am Tag kleine Pausen zu, kleine Lücken in geistigen Abläufen für das Atemholen der Seele. Bleiben Sie nirgends »hängen«. Gehen Sie einfach in die Stille, nehmen dabei eine bequeme Haltung ein und schauen sozusagen ins Nichts. Sollten Ihre Gedanken weiter »rattern« in Ihrem Kopf, denken Sie bei jedem Atemzug: »Einatmen – ausatmen – Stille.«

Energiefluss spüren und aktivieren

Wenn wir lernen, einfach präsent zu sein im Augenblick, erkennen wir viele Dinge als das, was sie sind. Bei allem, was wir verbissen zu erreichen versuchen, stehen wir uns meist selbst nur im Weg mit unserem

Wollen, unserem Streben. Deshalb sollten Sie sich fragen, was es ist, bei dem Sie ganz leicht, fast automatisch präsent sein können, ohne es eigens zu wollen, ohne irgendein Ergebnis anzustreben. Etwas, dem Sie sich immer ganz entspannt hingeben können. Jeder Mensch, der sich selbst erforscht, wird etwas bei sich entdecken können, bei dem er einfach präsent sein kann, nichts erwartet, nichts will, sich nicht anstrengen muss, sich nicht langweilt.

In diesen Momenten spüren wir den Energiefluss, der alles Leben miteinander verbindet. Wir sind im »Flow.« Völlige Konzentration, totale Hingabe an den Augenblick und Mitgefühl für das, was uns umgibt, prägen diesen Zustand. Alles wird plötzlich lebendig, die Luft, das Licht, die Schatten, der Boden unter uns, die Geräusche, die Gegenstände um uns. Dieses Gefühl authentischer Gegenwart ist es, das uns ganz in unsere eigene Energie kommen lässt, die sich dann mit den uns umgebenden Energien, zu denen wir eine Resonanz haben, verbinden kann.

Es ist im Grunde alles ganz »ein-fach«. Es ist in *einem* Fach, dem Fach der Ganzheit. Alles, was geschieht, alles, was wir wahrnehmen, wird aus irgendeiner Energiequelle gespeist. Wenn wir uns der Ganzheit verschließen, weil wir Angst haben, wirklich ganz lebendig zu werden, dann ist diese Energiequelle die Angst. Jedes Problem ist ein Energiemuster, das in uns vorliegt, eine Störung, die wir selbst ausstrahlen. Diese nimmt dann eine Form an. Wir nennen sie »Problem«. Wenn wir nun dahin kommen zu spüren, an welcher Stelle wir uns vom Fluss der Lebensenergie abschneiden, wo und wodurch wir uns verschließen, dann können wir unseren Problemen die Energie entziehen, die sie leben und die sie groß werden lässt.

Alles in dieser Welt unterliegt den natürlichen Rhythmen des Wandels, die sich nach Energiegesetzen richten. Es geht um die essenzielle Wahrnehmung des Wirklichen, dessen, was wirkt, um in den Fluss der Lebensenergie zu kommen, der uns durchs Leben trägt in innerer Stille bei gleichzeitiger Lebendigkeit.

Essenzielle Wahrnehmung versetzt uns in die Lage, den spirituellen Sinn, das Wesen der Materie, der Form zu erkennen. Sie erreicht die allen innewohnenden Energieprozesse und öffnet uns für die Feinheiten des Lebens.

Form ist Gestaltung des Wesens.
(Aristoteles)

Das gilt für alles, was wir wahrnehmen: Bei einem Gespräch z. B.

wird das mehr sein als nur die Worte, die wir hören. Wir werden die Emotionen und Motivationen erkennen.

Bei Problemen und Abhängigkeiten werden wir begreifen, welche Energie uns von der Ganzheit trennt. Wir werden Probleme und Abhängigkeiten zwar als mit uns verbunden ansehen, jedoch auch spüren und tief in uns wissen, dass wir nicht diese Probleme und Abhängigkeiten *sind*, dass wir uns nicht mit ihnen identifizieren müssen, sondern über diese Fixierungen hinausgehen können. Sie sind nicht unsere Identität.

Wir können dann gleichfalls darauf verzichten, uns gewaltsam von diesen Schwierigkeiten lossagen zu wollen, denn wir wissen, dass wir sie mit unserer Verbissenheit, unserem unbedingten Wollen noch größer machen würden, weil wir dann durch unsere Aufmerksamkeit noch mehr Energie in sie hineingeben würden.

Durch die Wahrnehmung des Energieflusses, dessen Teile die von uns zugelassenen Notlagen sind, können wir die Antwort auf die Frage finden, welche Botschaft für uns dahinter steht. Mögen die Ursachen sein, wie sie wollen. Es geht darum, das Wesen *aller* Dinge – der negativen wie der positiven – zu erkennen, wenn wir im Fluss der Lebensenergie bleiben wollen. Und dieser Energiefluss schließt die schöpferische Kraft von Künstlern, Tänzern, Erfindern und Handwerkern genauso ein wie die geistige Kraft von Philosophen und die Kraft von Heilern.

Im Energiefluss zu sein, Energiefluss zu verspüren, zu erleben erfordert wache Aufmerksamkeit für die Botschaften des Lebens; es erfordert eine entwickelte Sinnlichkeit und ein Gewahrwerden des Sinns. Dann erst werden wir empfänglich für Botschaften des Lebens aus Quellen, die außerhalb von uns liegen. Sie kommen aus einem universellen Feld, das alles zu einem organisierten Ganzen zusammenschließt und das Geflecht aller Energieprozesse darstellt.

Stille, einfaches Gewahrwerden des Augenblicks, Hineinhorchen in die eigene Mitte sind Voraussetzungen zum Erspüren und Aktivieren des Energieflusses.

Durch regelmäßiges, tägliches »In-die-Stille-Gehen« öffnen wir unseren »Kanal« für Schwingungen, nehmen Schwingungen in uns und außerhalb von uns wahr und können *entscheiden*, ob wir mit ihnen schwingen wollen oder nicht. Das macht uns frei, macht uns unabhängig von äußeren Bedingungen.

Diese Unterscheidung ist jedoch nur in einem Zustand der Ruhe und

Gelassenheit möglich, den wir am leichtesten in der Meditation erreichen können. »Sie ist die Summe aller Energie«, sagt Krishnamurti. »Meditation ist immer neu, ein immer neues Erwachen; in ihr entfaltet sich neu die Schönheit der Güte.«

Wenn wir uns der fließenden Lebensenergie öffnen, geschieht, was geschehen muss, um in Harmonie mit uns selbst und allem Leben zu kommen. Es wird kein Platz mehr sein für Verhaltensweisen, die nicht in eine natürliche, gesunde Ordnung gehören, denn wir werden ihnen die Energie entziehen können. Einzig und allein das, was wesentlich ist, was unserem Wesen entspricht und uns in unserer Entwicklung fördert, wird Platz haben. Immer mehr Widerstände gegen ein sinnvolles, sinnliches Leben werden sich »in Luft auflösen«.

Mit dem ständigen Entstehen und Vergehen versöhnen wir uns dann auch im Geiste, so wie wir auf der körperlichen Ebene bereits seit unserer Geburt damit versöhnt sind: Zellen sterben zu Millionen täglich ab, neue werden gebildet, unser Körper verändert sich, entwickelt sich – täglich, minütlich, sekündlich!!!

Wir können unsere Energie frei fließen lassen, können loslassen von allem Unterdrückten und Versteinertem in uns. Wir lernen rechtzeitig – zu Lebzeiten – zu sterben. Und erst das macht uns ganz lebendig, ganz sinnlich, ganz wach. Emotionales Durchschütteln geht damit genauso immer wieder einher wie Reinigungsprozesse, die meistens schmerzlich sind. Der Lohn ist die frei fließende Energie des vollen, prallen Lebens.

Es bedarf gesammelter Energie, jederzeit klar zu sehen, was ist. Und diese unmittelbare Wahrnehmung fern jeden Wollens, Ablehnens und Denkens steht uns direkt zur Verfügung, um unser Leben zu erschaffen, um zu wählen, wer wir sind.

Nur in unserer Fähigkeit, zu sterben, im Loslassen von aller Form also, sind wir wahrhaft lebendig. Durchlässig werden und eine Form nach der anderen sterben lassen, ist der Durchbruch zum wahren Selbst und die Befreiung für Geist, Körper und Emotionen.

(Stephano Sabetti)

Ausstrahlung genießen – Lebensfreude, Sinn und Sinnlichkeit erfahren

Türen werden nicht nur zugeschlagen.
Es gehen auch Türen auf,
bloß macht das weniger Lärm.
(H. Derendinger)

Mit gesunder Selbstachtung können Sie sich auf den Weg begeben, den Sinn Ihres Daseins zu erfüllen. Voraussetzung ist, dass Sie dieses innere Bild und Ihre Einstellung auch nach außen in Erscheinung treten lassen. Das ist nur möglich, wenn Sie sich anderen Menschen in Ihrem Sosein aussetzen, wenn Sie sich Ihrer Ausstrahlung bewusst sind und diese durch Entwicklung Ihrer eigenen Sinnlichkeit pflegen. Aber auch durch Ihren Glauben und Ihre Hoffnungen auf immer neue Möglichkeiten der Lebensfreude, der Sinnerfüllung und der Verwirklichung von Liebe öffnen Sie Türen zu einem lebensbejahenden Leben, zu Daseinsfreude, Lebensmut, zu Lebenslust und Hochgefühl.

Wenn dein Alltag dir arm erscheint, Liebe braucht befreite Sinne. Und
klage ihn nicht an. Klage dich an, nur durch die Liebe können wir uns als
weil du nicht stark genug bist, Mitspieler im Spiel des Lebens sowie
seine Reichtümer zu wecken. im Ernst menschlicher Arbeit mit allen
(Rainer Maria Rilke) Sinnen erleben. Liebe ist *die* Energie,
die alle Beziehungen in unserem Leben
erblühen lässt, die uns Lebensfreude,
Sinn und echten Genuss erfahren lässt.
Spielen und Hingabe sind Grundbedingungen für Lebensfreude und Liebesfähigkeit. Spielerisch Neues ausprobieren, erleben, beleben, sich einlassen und distanzieren, binden und lösen, nachdenken und fühlen gehören zu den Bewegungen des Lebens. Sinnlichkeit braucht Offenheit, Gelassenheit, Geduld und Spiel. Die Ungewissheit des Ausgangs ist dem Spiel immanent; die Freiheit, das Freilassen dessen, was man liebt, wohnt jeder echten Liebe inne.

Leben ist eine ständige Übung im bewussten Dasein, worin Sie Ihre eigene Identität entfalten, formen und ausdrücken können. Wenn Sie Ihr Inneres mit Ihrem Äußeren verbinden, harmonisieren, sozusagen miteinander vereinbar machen, werden Sie in jedem Augenblick in der Lage sein, Ihre Ausstrahlung als Synergie von Fühlen, Denken und Verhalten einzusetzen. Authentizität ist die Folge. Darin spiegelt sich Ihr Inneres, Ihr gelebtes Leben und Ihre Lebenseinstellung wider.

Das innere Bild, das Sie von sich selbst haben, wird in den ersten dreißig Sekunden jeder Begegnung mit Menschen übertragen. Dabei bilden Ihre Gedanken und Ihre Gefühle genauso einen Teil Ihrer Ausstrahlung wie Ihre Körperhaltung, Ihr Gesichtsausdruck, der Klang Ihrer Stimme und Ihre äußere Erscheinung, von der Kleidung bis zu Haut und Haaren. Der Verstand kann Dinge leugnen, der Körper nicht. Je mehr Sie also auf sich selbst achten, je achtsamer Sie mit sich, Ihren Bedürfnissen, Ihrem Denken, Fühlen und Wollen umgehen, desto mehr Verantwortung werden Sie für Ihre Ausstrahlung übernehmen können, desto authentischer und strahlender werden Sie durchs Leben gehen.

Sie werden schnell feststellen, dass es keinen Sinn macht, einen Teil von sich zugunsten eines anderen aufzugeben oder weniger zu beachten. Alle Teile Ihrer Persönlichkeit brauchen Beachtung, Pflege, Nahrung und Liebe:

- ❀ Ihr Körper braucht lebendige, maßvolle Ernährung, verlangt nach Pflege und Beachtung. Er benötigt sauberes Wasser, frische Luft und Licht, Temperaturreize und Bewegung, um gesund und leistungsfähig zu bleiben.

- ❀ Ihre Seele braucht Zuwendung, Berührung, Naturerfahrungen und Freude durch Schönheit und schöne Erlebnisse. Sie braucht Sinnlichkeit und Stille.

- ❀ Ihr Geist braucht vor allem Freiraum, um sich entfalten zu können. Information, Auseinandersetzung, Erkenntnis und Klarheit, Hinwendung, Schweigen und das Aufleuchten von Sinn sind ihm Nahrung. Dann kann er weit werden und Frieden finden.

Lernen Sie die Masken Ihrer Persönlichkeit verstehen, kennen und lieben, mit denen Sie in verschiedenen Situationen Kontakt zur Welt aufnehmen. Beginnen Sie, diese Masken zu formen und zu gestalten, so dass Sie *Ihr* wahres Selbst, *Ihre* eigenen Werte und Absichten klar darstellen. Nur dann können Sie wirklich präsent, wirklich im Augenblick sein und Ihre Ausstrahlung genießen. Nur dann können Sie sich authentisch mit Menschen verständigen, können glaubwürdig sein und Zuversicht ausstrahlen.

Mitgefühl ist eine Bedingung, überzeugend zu wirken, und gibt anderen Menschen Kraft. Die Entwicklung Ihrer Anlagen gibt Ihnen

Selbstvertrauen. Und wenn Sie dann noch Ihr Lebensgefühl durch die entsprechende Kleidung unterstreichen, werden Sie sich besonders wohl in Ihrer Haut fühlen und unbändige Lebensfreude ausstrahlen, die ein Genuss für Sie selbst und für andere ist.

Das ist die eine Seite der Lebendigkeit, der Lebensfreude und der Ausstrahlung. Die andere ist der Sinn Ihres Lebens. Schon wenn Sie sich die Frage nach dem Sinn Ihres Lebens stellen, ist es sicher, dass Sie die Antwort in sich finden werden. Sonst hätten Sie die Frage nicht »gehört«. Jede Antwort auf diese Sinnfrage, sei sie auch noch so klein und auf einen winzigen Augenblick bezogen, verbessert Ihre Lebensqualität.

Das Muss dämpft das übersteigerte Selbstwertgefühl und damit den aggressiven Egoismus, der dazu verleitet, bloß noch zu tun, worauf man Lust hat. Allein die Aufgabe hebt das niedrige Lebenswertgefühl und überwindet damit den fatalistischen Nihilismus, der verhindert zu tun, was Sinn hat.
(nach Elisabeth Lukas)

Aus diesem Zitat wird der Unterschied zwischen Selbstwertgefühl und Lebenswertgefühl deutlich. Frau Dr. Lukas macht folgendes deutlich: »Selbstwertgefühl rekrutiert sich aus Erfolgen, sagt jedoch nichts über den Sinn dieser Erfolge. Ein Lebenswertgefühl stellt sich jenseits aller fremden Feed-backs ein. Ganz einfach durch das dem Selbstwert vorausgehende Gefühl, dass das Leben es wert ist, gelebt zu werden. Ein positives Selbstwertgefühl ist das Nebenprodukt eines erfolgreichen Handelns, ein positives Lebenswertgefühl das Produkt einer Sinnerfahrung.«

Sinnerfahrungen machen Menschen, indem sie den Willen zum Sinn entwickeln und durch ihr Handeln verwirklichen. Lebenssinn kann für jeden Menschen etwas anderes bedeuten. Das zeigt eine Umfrage des Publik Forums Extra aus dem Jahre 2001. Folgende Antworten wurden auf die Frage nach dem Sinn des Lebens gegeben:

- ❀ der Wille, Freiheit, Würde und Frieden zu entfalten,
- ❀ die Frage nach der Wahrheit,
- ❀ die Verbreitung von Liebe,
- ❀ das Bestreben, ganz Mensch als Teil dieser wunderbaren Schöpfung zu werden,
- ❀ der Wunsch, für andere zu arbeiten,
- ❀ Anteil nehmen an der Umwelt,

- Verständnis entwickeln für Unterdrückte, ihnen beistehen und ihnen Würde geben,
- über den eigenen Horizont hinausschauen, um das Göttliche zu erfahren,
- Leid lindern,
- Gerechtigkeit schaffen,
- Eintreten für Mitmenschlichkeit und Toleranz,
- Front machen gegen Dummheit,
- Gott näher kommen,
- Mut aus Niederlagen schöpfen,
- sich auf einen Menschen einlassen und ihn lieben,
- in Liebe leben und Sensibilität für andere bewahren,
- das Beste aus dem Gegebenen machen, nicht aufgeben,
- Erfahrung des Lebendig-Seins als Sinn des Lebens an sich.

Lebendig fühlen wir uns nur, wenn es Resonanzen unserer äußeren Erfahrungen in unserem Inneren gibt. Lebendig fühlen wir uns, wenn wir uns als Mitschöpfer dieser Welt erfahren. Dazu müssen wir uns innerlich öffnen, müssen uns ganz weit machen, um all die Energie aus dem Kosmos aufnehmen zu können, die uns erwärmt.

Wir selbst müssen uns *für* etwas, dem wir uns hingeben wollen, erwärmen können, wenn wir die ganze Lebendigkeit des Daseins erfahren möchten. Der Mensch ist ein Wärmewesen! Und Sinn und Sinnlichkeit erwärmen!

Wer immer »cool« bleiben will, kann sich für nichts erwärmen.
(Brigitte Fabian)

Das Leiden an einem sinnlosen Leben ist eins der schlimmsten Leiden. Es macht körperlich und psychisch krank. Wer lebendig leben will, muss sich äußern, muss kommunizieren, muss handeln. Die Liebe lebt vom Dialog. Sie vereinigt alle Gegensätze in sich. Reden und Schweigen, Geben und Nehmen. Sie lebt im Augenblick und vom Augenblick.

Wenn Sie in der Liebe sind, wird Ihre Ausstrahlung Wonne verursachen – bei sich selbst und bei anderen. Sie werden jeden Moment genießen und ganz darin aufgehen können.

Mit Worten von Annelie Keil möchte ich schließen:
»Der redende Mund vergisst zu kauen und zu schmecken. Er vergisst zu genießen, verliert das

Das sinnliche Glück ist wie die Liebe auf alle Sinne angewiesen, auf ihre Kommunikation untereinander.
(Annelie Keil)

Schweigen, das Singen und auch das Küssen. Der Mensch braucht das Spiel der Sinne als Wahrnehmungs- und Erkenntniswerkzeug, sonst geht er verloren.«

Leben Sie, strahlen Sie, genießen Sie, und verwirklichen Sie den Sinn *Ihres* Lebens!

Der richtige Augenblick, damit zu beginnen, ist immer jetzt!

NACHWORT

Die Welt der Sinnesfreuden ist verschwenderisch. Nehmen Sie sich immer wieder ein wenig Zeit für die Übungen dieses Buches! Üben Sie gelassen und spielerisch das, was Sie am meisten anspricht, das, wozu Sie eine Affinität empfinden! Schmeicheln Sie Ihren Sinnen! Schaffen Sie Raum für Sinnlichkeit! Kommen Sie in den Genuss der schwelgerischen Lust!

Sie werden erfahren, wie viel Sinn es macht, Ihre Sinnlichkeit zu schulen. Sie werden begreifen, wie Sinn und Sinnlichkeit mit Glück und Gesundheit zusammenhängen. Erleben Sie, wie »ansteckend« Ihre Sinnlichkeit sein kann!

Ich wollte Ihnen durch dieses Buch nahe bringen, wie Sie in dieser Zeit der Hetze und Hektik, des »Machertums«, des Konsums und der Reizüberflutung durch Achtsamkeit wieder zu sich selbst finden. Wie Sie durch die Schulung der Achtsamkeit Ihre Sinnlichkeit leben und genießen und wie Sie Ihr ganzes einzigartiges Potenzial leben und zum Ausdruck zu bringen vermögen.

Wirkliche Lebensfreude und ein sinnerfülltes Leben sind nur möglich, wenn Sie Ihre Sinnlichkeit lebendig werden lassen und dadurch in jedem Augenblick präsent sind. Nur dadurch können Sie sich selbst mit Ihrem Denken, Fühlen, Wollen und ihrem körperlichen Sein mitteilen. Diese Präsenz ermöglicht Ihnen, *Ihre* eigene Wahrheit zu spüren und darzustellen. Sie werden geerdet, zentriert und bewegen sich authentisch und kraftvoll im Augenblick.

Achtsamkeit und Sinnlichkeit sind die Quellen für Ihre Kreativität, Ihre Lebendigkeit. Sie sind aber auch Voraussetzung für liebevolle Kommunikation in der Gesellschaft. Natürlich gibt es Barrieren und Ängste, die viele Menschen davon abhalten, das Glück eines sinnlichen, sinnerfüllten Lebens erfahren zu können. Aber wie für alles, was uns Probleme bereitet, gibt es auch für diese »Hürden« – wie ich versucht habe aufzuzeigen – Lösungen.

In jeder Situation kann Sinn gefunden werden und heilend wirken, wenn wir Perspektiven haben und unsere Einstellungswerte überprüfen.

Das Glück des sinnerfüllten Lebens hängt also einerseits von der Entwicklung unserer Sinnlichkeit und unserem Willen zum Sinn ab, andererseits von unserer Fähigkeit, Werte zu verwirklichen. Beides erfordert Achtsamkeit. Ich hoffe sehr, Ihnen mit diesem Buch das hier Gesagte deutlich gemacht und Ihnen Anregungen, Kraftquellen und Übungen angeboten zu haben, die Sie auf dem Weg zu Ihrem Glück weiterbringen, die Sie in die Lage versetzen, genussvoll mit dem Leben zu fließen.

Wenn die Suche nach dem Sinn des Lebens einen Sinn haben soll, dann muss es Sinn geben, so, wie Durst der sicherste Beweis für die Existenz von Wasser oder etwas Ähnlichem ist.
(Verfasser unbekannt)

Und alle Lust will Ewigkeit ...

Sinnlichkeit hat viel mit Lust zu tun. Der Mensch ist ein »Lust suchendes System«, zitierte ich im Vorwort. Im Zentrum aller menschlichen Lüste steht mit Sicherheit die Lebenslust. Spezielle Lüste wie die Lust auf Bewegung, Kampf, Alleinsein, Gestalten, Fantasieren, Träumen, Spielen, Heiterkeit und Ausgelassenheit unterscheiden sich ganz wesentlich von einer völlig anders gearteten Lust: der Lust auf Besitz, auf Reichtum materieller Art. Besitz »besetzt« in vielen Fällen die Menschen, versklavt sie, anstatt ihre Vorstellungskraft zum Fließen zu bringen. Besitz macht häufig sogar unfrei, weil er »gesichert« werden muss. Der einzige Reichtum, den wir besitzen, ist unser Leben mit all der möglichen Lebensfreude, die es birgt. Menschen, besonders Kinder, können diese Lebensfreude stimulieren, indem sie uns anregen, fröhlich zu sein, zu spielen; indem sie uns zum Nachdenken bringen, uns Gestaltungslust oder Vertrauen vorleben. Besonders Kinder, die es mit Leichtigkeit und aus ihrer kindlichen Naivität heraus fertig bringen, im Moment zu sein, führen uns oft vor Augen, wie lustfeindlich Misstrauen, Kritiksucht oder Kritiklust sein können.

Ich will hier nichts gegen konstruktive Kritik, der wir alle manchmal bedürfen, einwenden. Auch nichts gegen konstruktive Selbstkritik. Aber *Wahrheit ohne Liebe macht kritiksüchtig*. So steht es schon in den Upanischaden. Und an dieser Stelle sollten wir uns daran erinnern, dass wir immer – auch bei jeder Selbstkritik oder bei jedem kritischen Betrachten irgendwelcher Ereignisse – mehrere Möglichkeiten der eigenen Einstellung haben. Und wenn wir uns der Lust und der Liebe zu leben bewusst werden, so gibt es für jede Situation eine Perspektive, die eine liebende Entscheidung zum Leben möglich macht. Kritiklust ist mit der Kampfeslust nahe verwandt. Maßgeblich ist, wofür wir uns zu kämpfen entscheiden, welchen Sinn diese Lust für uns macht. Solange sie die leidenschaftliche Lust in sich birgt, *für* und nicht gegen etwas zu kämpfen, kann sie uns beflügeln, große Dinge zu gestalten. Dinge, zu denen wir Lust haben.

Die Lust unseres Körpers auf Wohlgefühl schließt die Lust auf Liebe ein. Schon Teresa von Avila sagte: »... tu deinem Leib etwas Gutes, damit deine Seele Lust hat, darin zu wohnen.« So gesehen ist unsere Sinnlichkeit ein Geschenk, das uns in die Lage versetzt, Lebenslust als Lust am Leben zu erfahren. Darin liegt *Lebenskunst*, die uns in die Lage versetzt, uns dem Leben zuwenden zu können. Und in dem Wort »Kunst« steckt das Wort »können«.

Wenn wir begriffen haben, dass es keine Lust gibt, die ewig währt, sondern dass wir uns Lust immer wieder »erarbeiten« müssen, indem wir an *uns selbst* arbeiten und damit an unseren Beziehungen in der menschlichen Gemeinschaft, dann können wir einsehen, dass Lust immer mit einem Gestaltungswillen und mit Können verbunden ist.

Wirkliche Lebenslust vermögen wir auf Dauer nur dann immer wieder erneut zu erleben und zu erfahren, wenn wir begreifen, dass sie nicht aus schneller Konsumbefriedigung, nicht aus schnellen Erlebniskicks resultiert. Erst dann, wenn wir beginnen, unsere immer größer werdenden »Frei-Zeit-Räume« nicht zu »ver-konsumieren«, sondern mit selbstbestimmtem schöpferischen Tun oder echten Er-lebnissen zu er-füllen, erst dann werden wir dahin gelangen, wirkliche Lebenslust zu empfinden, die unseren Alltag immer und immer wieder aufs Neue bereichert. Damit dienen wir dann gleichermaßen dem Leben. Von Augenblick zu Augenblick – bis in alle Ewigkeit.

ANHANG

Danksagung

Dieses Buch ist nur möglich geworden, weil das Leben mir immer wieder hat zufallen lassen, was fällig war, um mich aufzuwecken aus meinem Wohlstands-Schlaf. Ich danke deshalb besonders meinen Söhnen Nico und Jan-Philipp für die Lebendigkeit, mit der sie mich immer wieder konfrontieren, und für ihr Anders- und Querdenken. Ich danke meinen Lebenspartnern Hanjo, Antonio und Michael für die Grenzen, die ich durch sie erfahren durfte, damit ich sie in mir entdecken und überwinden konnte. Und ich danke meinen Freundinnen Marlene und Corinna für ihre konstruktive Kritik beim Entstehen dieses Buches.

Brigitte Fabian
München, April 2002

Literatur

Baccei, Tom: Das magische Auge, Band 1, München 1994.

Böschemeyer, Uwe: Vom Typ zum Original. Die neuen Gesichter der Seele und das eigene Gesicht. Ein Praxisbuch zum Enneagramm, Lahr 1994.

Cohen, Sherry: Zärtlichkeit heilt, Weyarn 1999.

Grossarth-Maticek, Ronald: Autonomietraining, Berlin 2000.

Hartmann, Thom: Unser ausgebrannter Planet. Von der Weisheit der Erde und der Torheit der Moderne, München 2000.

Keil, Annelie: Wird Zeit, dass wir leben, München 1999.

Lukas, Elisabeth: Rendezvous mit dem Leben. Ermutigungen für die Zukunft, München 2000.

Meier-Ploeger, Angelika / Lange, Marion / Stockayer, Katrin: Fühlen, wie's schmeckt. Sinnesschulung für Kinder, Künzell o. J.

Moeller, Michael Lukas: Die Wahrheit beginnt zu zweit, Reinbek 2001.

Riemann, Fritz: Grundformen der Angst. Eine tiefenpsychologische Studie, München 1987.

Sabetti, Stephano: Lebensenergie, München 1992.

Schweisfurth, Karl Ludwig: Vom guten Fleisch, München 1998.

Schweisfurth, Karl Ludwig: Pures Leben, München 2001.

Walsch, Neale Donald: Gespräche mit Gott, Band 3, 5. Auflage, München 1988.

Zsok, Otto: Vertrauen kontra Angst, Fürstenfeldbruck 2000.

Adressen

Autorin:
Brigitte Fabian, Mühlbaurstr. 8, 81677 München
Brigitte.Fabian@bellassana.de
www.bellassana.de

*Förderung von Wegen in eine lebenswertere Zukunft, innovativen
Ansätzen in Wissenschaft, Wirtschaft, Bildung und Kultur:*
Schweisfurth-Stiftung, Südliches Schlossrondell 1, 80638 München
info@schweisfurth.de
www.schweisfurth.de

Verein zur Förderung gemeinnütziger, sozialer Projekte:
La gioia international – help and care for children and people all
over the world, Cathostr. 7, 45356 Essen
info@la-gioia.com
www.la-gioia.com

Naturbelassene Pflegemittel:
• Wala Heilmittel GmbH / Dr. Hauschka Kosmetik,
  73085 Eckwalden / Bad Boll
  info@dr.hauschka.de
  www.dr.hauschka.de
• Weleda Heilmittelbetriebe, Buchstr. 189, 73525 Schwäbisch
  Gmünd
  dialog@weleda.de
  www.weleda.de

Reine ätherische Öle und Kosmetik:
Primavera Life GmbH, Am Fichtenholz 5, 87477 Sulzberg
info@primavera-life.de
www.primavera-life.de

KÖNIGS FURT

GUiDE
Bewusster *leben*

Matthias Bartels: **Der intuitive Blick.**
Die Kunst der spontanen Wahrnehmung.
ISBN 3-89875-038-8. Nutzen Sie Ihre Intuition im Alltag.

Barbarina Boso: **Die Kunst des Loslassens.**
ISBN 3-89875-021-3. Vom richtigen Umgang mit Vergangenem.

Karin Breyer: **Rendezvous mit Buddha.**
Buddhistische Klöster und Zentren in
Deutschland, Österreich und der Schweiz.
ISBN 3-89875-026-4

Brigitte Fabian: **Die Kunst der Sinnlichkeit.**
Schule für Sinn und Sinne.
ISBN 3-89875-036-1

Hanna Ginglas: **Diese Tage gönn' ich mir.**
Die schönsten Wohlfühl-Oasen
für Körper, Geist und Seele.
ISBN 3-89875-027-2

Norbert W. Großklaus: **Rendezvous mit der Stille.**
Christliche Meditationsorte in
Deutschland, Österreich und der Schweiz.
ISBN 3-89875-037-X

Claudia Hartmann: **Rituale zu zweit.**
Was Liebende zusammenhält. ISBN 3-89875-023-X.
Ratgeber für ein glückliches Leben zu zweit.

Winfried Hille: **Die Kunst des Neuanfangs.**
ISBN 3-89875-024-8.
Neu beginnen nach einem Schicksalsschlag.

Im Buchhandel erhältlich

Weitere Titel aus dem Königsfurt Verlag

Marie-Jeanne Augustin: Neid, Neugier und weibliche Kreativität.
ISBN 3-933939-78-X

Johannes Fiebig (Hg.): Abschied vom Ego-Kult.
Die neue soziale Offenheit.
Mit Beiträgen von Horst-Eberhard Richter,
Gerhard Schröder, Ulrich Beck, Heiner Keupp, Helmut Klages u.a.
ISBN 3-933939-00-3. Wertewandel und neue Wege.

Ega Friedmann: Vom weiblichen Ungehorsam.
ISBN 3-933939-77-1. Frauenleben gegen Konventionen

Wolfgang Kleespies: Licht am Ende des Tunnels.
Vom Sinn der Depression. ISBN 3-89875-017-5

Helmut H. Koch / Nicola Keßler: Ein Buch muß die Axt sein ...
Schreiben und Lesen als Selbsttherapie.
ISBN 3-933939-19-4

Wolfgang Körner: Meine Frau ist gegangen.
Männer erzählen von Trennung und dem Leben danach.
ISBN 3-89875-019-1

Heike Neumann: Verkürzte Kindheit.
Vom Leben der Geschwister behinderter Menschen.
ISBN 3-933939-32-1

Heike Neumann / Christian Trutschel (Hg.): Von wegen Gene!
Über die Stärke von Behinderung und
die Schwächen des Fortschritts.
ISBN 3-89875-000-0

Ingrid Riedel: Seelenruhe und Geistesgegenwart.
Was uns Tatkraft gibt. ISBN 3-933939-75-5

Monika Specht-Tomann / Doris Tropper: Zeit des Abschieds.
Sterbe- und Trauerbegleitung. ISBN 3-89875-018-3

Im Buchhandel erhältlich